비자나무가 되고 싶어

허시란 에세이집
비자나무가 되고 싶어

발　행　2025년 08월 22일
지은이　허시란
펴낸곳　도서출판 태원
24349 강원특별자치도 춘천시 서부대성로 110-2
TEL (033)255-0277　E-mail tw0277@hanmail.net

ISBN 979-11-6349-146-0 03810

값 15,000원

ⓒ허시란, 2025, korea

이 책은 저작권법에 의하여 보호를 받는 저작물이므로 무단 전재와 복제를 금합니다.

이 책은 춘천문화재단 2025문화예술지원사업 지원금으로 출간되었습니다.

비자나무가 되고 싶어

허시란 에세이집

도서출판 태원

| 책머리에 |

함박꽃처럼 핀 나의 꽃자리

피천득 님의 「오월」이 생각난다.

"내 나이를 세어 무엇하리. 나는 오월 속에 있다." 드디어 꿈에 그리던 생애 두 번째 文集 〈비자나무가 되고 싶어〉를 상재하게 되었습니다. 이 벅찬 기쁨을 어떻게 표현해야 할까요.

문인의 길 – 글쓰기는 참으로 고고하고 아름다운 탄생의 행위임에 틀림없음에도 육체적으로나 정신적으로 힘든 과정이 많았습니다. 허나 이렇게 편편이 글을 묶고 나니 그 과정 모두가 소중한 금빛 나날이었습니다. 즐거웠고 행복했습니다.

놓칠뻔했던 아찔한 순간들. 매번 자신을 다독여가며 매주 금요일 두 시간 문예창작반 교실의 열띤 강의를 듣기 위해 하던 일을 모두 멈추고 내달렸던 그 시간들은 결코 잊을 수가 없습니다.

내 生의 마디마다 빛이었던 나의 아버지, 어머니, 오빠, 언니께 감사 인사를 드립니다. 물길을 뻗어 꼭 살아내야 했기에 두려움을 이기고 여기까지 왔습니다.

매일 아침, 온실에서 꽃과 만나는 시간은 무한히 소중한 내 인생의 여정입니다. 푸릇푸릇 살아 숨 쉬는 잎맥과 공감하면서 세상과 자연의 이치를 배우고 깨닫는 중입니다.

　내게 문학이 없었다면 홀로 그 먼 길을 걸어올 수 있었을까요. 문학이 있었기에 인생의 악천후와 고갯길에도 한 발짝씩 내딛고 수용하며 굳건히 일어설 수 있는 힘을 얻었습니다.
　이 길을 향해 계속 걸어갈 수 있도록 성원해주시는 청파 스승님과, 사랑하는 봄내실버문학 나의 문우님들과 문학 동인들께 존경과 감사를 드립니다.

　아울러 묵묵히 응원과 지원을 아끼지 않는 사랑스런 우리 아들, 딸, 사위 그리고 늘 해맑은 웃음과 바른 행동으로 할미에게 삶의 활력소가 되어주는 두 손녀와 강아지 구름이와 함께 이 기쁨을 함께 하고 싶습니다.

　문집 발간을 지원해주신 춘천시와 춘천문화재단 그리고 출판을 위해 애써주신 태원출판사 사진환 대표께 감사드리며, 저를 기억하고 성원해주시는 모든 선생님들… 늘, 행복하십시오.

2025년 여름 만천골에서, 蘭馨 허시란

| 축하의글 |　　　　　　　　　　　市隱 許昌武(큰 오빠)

晩翠 늦게까지 푸르름을 간직하다.
늦을 만, 푸를/물총새 취

灼灼園中花　　곱디고운 정원(庭園)의 꽃은
早發還先萎　　일찍 피어서 먼저 시들고,
遲遲磵(澗)畔松　더디고 더딘 계곡의 소나무는
鬱鬱含晩翠　　무성하여 늦게까지 푸른빛을 머금고 있다.

　　　　　　　　　　　　　　小學 嘉言編 中

병술에
맨손으로
이세교육
완성하고

정해에
주경야독으로
알성급제하였네

무자원단에
길성이 내조하니
반평생 한줌한줌
보금자리 이루었네

효성과 사랑으로
이룬 둥지
영광평화
무궁하리라

— 竹隱 許鳳武(작은오빠)

| 차 례 |

책머리에 | 함박꽃처럼 핀 나의 꽃자리 _ 4
축하의 글 | 市隱 허창무 _ 6
　　　　　 竹隱 허봉무 _ 7

1부 고택 안마당, 유년의 풍경소리

어머니의 다듬이 소리_ 15
어부바 사랑_ 18
부모님 전상서_ 21
여섯 남매의 꿈동산_ 24
아버지의 회초리_ 27
아버지의 선물_ 30
잊지 못하는 날_ 32
이회서당 이야기_ 36
어머니의 손_ 40
그녀의 눈동자_ 43
옛날 옛적에_ 47
요르단강을 되돌아오신 오빠_ 50
감꽃이 필 무렵_ 53
붉은 담쟁이와 어머니_ 55
낡은 재봉틀 앞에서_ 59

2부 만천리의 봄

만천리의 봄_ 65
벚꽃향 날리며_ 68
제비꽃에게_ 71
한 떨기 시계초 꽃_ 73
예쁘다 목백일홍_ 76
풍물장터 봄나물_ 79
마지막 선물_ 83
봄을 노래하는 우리집 식생들아_ 86
기도하는 손_ 88
꽃대궐 속의 여인_ 92
스위첸 할머니_ 94
나, 야생화의 겨울나기_ 98
봄내 새벽안개에 젖어_ 101

3부 길 위의 풍경

첫 문학기행, '강원도 고성을 찍다'_ 105
화천 탐방_ 108
허균, 그리고 이달의 발자국_ 111
유자청 담그던 날_ 114
비자나무가 되고 싶어_ 115
바람의 언덕 태백을 가다_ 119
김유정, 그 실레길을 찾아_ 122
깊은 가을, 배론성지를 찾아서_ 124
성지순례, 풍수원 성당을 다녀오다_ 129
오월에 떠난 안면도 기행_ 133
여기가 낙원_ 135
정선아리랑_ 138
춘천의 봄처럼 맑고 깨끗하게_ 140
호주여행기_ 143
만추에 만난 여인들_ 147

4부 야생화 인생처럼 살며

향기로운 작약꽃 한 다발_ 151
도시농부의 주말농장_ 153
여름날의 편지_ 156
강원특별자치시대를 열며_ 160
자화상_ 162
무소유_ 164
가온이와 해온이_ 167
손녀와 반려견_ 169
아무 일도 없듯이_ 172
감자꽃처럼 소박하게_ 175
기억의 정원_ 178
꽃물 든 일기장_ 183
느린 우체통_ 188
환경호르몬_ 190

서평 | 〈비자나무가 되고 싶어〉에 부쳐_ 195
「춘천; 문학을 노래하다Ⅱ」_ 210
가족 축하의 글_ 215

부록 | 캘리그래피 작품_ 225

1부

고택 안마당, 유년의 풍경소리

어머니의 다듬이 소리

　어느 새 창 넘어 밤바람이 차다. 추석이 코 앞에 다가오니 불현 듯 향수병이 또 도지나보다.

　나는 왜 철없던 소녀적 감성으로만 사는 걸까? 아마도 그 시절이 나에겐 최고의 황금기였던 모양이다. 추석 명절이 다가오면 아련한 어린 시절의 풍경화가 펼쳐진다.
빗살무늬 방문마다 한지로 새롭게 단장해서 창호지를 바르고, 곳간엔 가마니를 깔고 놋그릇을 반짝반짝 닦던 일, 할머니 방 실경 위 누에방에서 밤낮없이 뽕잎을 하마처럼 갉아먹던 꼬물꼬물한 연두색 얼룩무늬 누에. 어느새 그 누에가 고치를 땅콩집처럼 만들었다.

　그 하얀집을 할머니는 가마솥에 쪄서 물레를 돌려가며 명주실을 뽑는다. 무엇으로 옥색물을 들였는지 기억이 안난다. 옥색 명주로 곱게 풀을 먹여서 개기고 어머니의 물뿌리는 소리 푸우푸우 들려

온다. 발로 꼭꼭 밟아 다듬이돌 위에 무명천 깔고 할머니와 어머니, 별로 살갑지 못한 고부 사이였지만 엇박자 장단에 맞춰 투닥투닥 경쾌한 다듬이소리 정겹게 들려온다.

추석에 입을 아버지의 옥색도포를 만드느라 효성스런 언니들. 친정집으로 호출이다. 그리고, 몇 날 몇 일 밤낮 드르륵드르륵 재봉틀소리 밤새도록 들려오고 세 모녀의 시집살이 얘기에 한숨이 절로 나는 어머니는 "할말 많지만 참고 살아라." 두 딸에게 타일러 주시던 그 말마디. 막내는 잠결에 어렴풋이 듣는다.
'언니들이 힘든가 보구나.' 라는 생각이 들 찰나에 잠들어버렸다.
그래도 내색 않고 친정아버지, 어머니를 위하여 동생을 위하여 자로 잰 듯 정확하고 예쁘게 만들어준 언니와 어머니의 바느질 솜씨는 가히 예술작품이었다.

유난스럽게 새 옷을 좋아하신 아버지.
검정색 가방에 중절모, 하얀 구두 신고 대문을 나서면 세상 부러울 것 하나도 없는 사랑스런 우리 아버지. 그 모습을 보며 어머니는 당신의 삶 전부를 투자하며 평생 대리만족을 하셨나보다.

"너희 아버지 신언서판身言書判이 좋으니 가는 곳마다 대환영이구나."
부러운 듯 얘기하시는 어머니의 가슴에 서늘한 바람이 인다.

어머니

단풍잎 곱던 가을길
지난 밤 은빛서리가 하얗게 내렸습니다

어머니와 서럽게 이별하던
애달픈 순백의 겨울이 오려나봅니다

유난히 추위를 타셨던 어머니
그곳에는 사계절이 따뜻한 봄날이겠지요
노산에 늦둥이 낳아
눈밭이 귀빈이 되라시더니
꼬박 꼬박 졸고계시는 어머니는
내가 초저녁 잠이 많아서....,

어느새 새벽 첫닭 울음소리에
삐그덕 대문열고 부엌으로 분주하셨던 어머니
그곳에선 편히 잘 쉬고 계신지요

처마밑 시금치랑 정구지는 잘자라고 있는지요
조갯살 풋고추 냉이잎 송송썰어
고소한 계란넣어 부침개 맛 일품이었지요
한여름밤 초가지붕위 하얀 박꽃처럼
고운 나의 어머니

詩 허시란

※ 잠 안 오는 밤, 어머니를 생각하며 쓴 詩

어부바 사랑

방년 열 여덟 꽃다운 처녀는 자칭 당대 최고(?)의 양반가 종갓집으로 시집을 오셨다.

지독한 애연가이셨던 할머니는 글공부를 하셔서 언제나 긴 담뱃대를 물고 한글소설 '구운몽'과 '사씨남정기'와 '조침문'을 읽으시며 우아한 시어머니로 평생을 사셨다. 반면, 갓 시집온 새댁은 층층시하 어른들을 모시고 매운 시집살이에 눈물 마를 날이 없으셨다. 거기다 종손아들을 기다리는 종가 집안에 딸만 내리 셋을 낳으셨으니, 그 옛날 어머니의 시집살이가 얼마나 고달팠는지 가히 짐작이 가고도 남는다.

하루는 아침밥상을 정성껏 차려 사랑채를 가는데 무심코 아버지와 할머니가 나누는 대화를 들으셨다.
"어서 아들을 봐야 하는데 더 기다릴 수가 없다." 하시는 소리에 귀가 번쩍 뜨인 어머니는 밥상을 대청마루에 '쾅' 소리가 나게 내려놓고 방문을 열어젖히며 말씀하셨다.

"제가 꼭 아들을 낳을 테니 걱정 마이소!"
그리고는 행주치마에 눈물을 펑펑 쏟으며 그 길로 '적석산' 자락에 있는 조그만 옥수암으로 달려가 지극정성 백일기도를 해서 낳은 아들이 큰 오빠였다. 그리고 3년 후 또 아들, 3년 후 또 아들 그렇게 아들 3형제를 연달아 낳으셨으니 아마도 어머니의 지극정성이 하늘에 닿으셨던가 보다.

어머니는 육남매 막내인 나를 낳으신 후 여름 산고의 고통도 잊고 이렇게 말하셨다.
"너는 이 에미한테 태어난 것만으로도 효도를 다 했니라." 그러면서 말씀 끝에 '란아, 하마터면 너를 못 나을 뻔 했지…'를 연발하셨던 그 말 못할 고생을 하신 어머니의 기억을 나는 잊을 수가 없다.

은퇴하신 오빠들은 천리 고향길을 오르내리며 집안의 대소사를 챙기셨고, 지금까지 잘 지켜내시느라 때론 현실의 벽 앞에 절망도 하고 고뇌와 갈등도 겪으면서 달려온 세월이 흘러 여든이 훌쩍 넘으셨다. 어느덧 흰머리 희끗희끗해진 오빠들 모습을 보노라면 내 가슴 한구석이 저려온다.

고향을 지키고 선산을 가꾸면서 셋째 오빠의 빈 자리는 사촌오빠가 채워가며 은발의 실버스타 세 사람은 살림과 이회서당 동인들과 동고동락하는 작금의 그 모습은 한 편의 감동의 드라마이다. 언니들도 평생 친정을 위해 헌신하며 살아오신 반면 어느덧 반백의 나이가 된 나는, 아직도 내 발등만 내려다보며 살아왔음을 생각하면 회한이 앞선다.

하루가 빠르게 변하는 인터넷 세상에 '다음'과 '네이버'에 '이회서당'만 검색하면 아버지의 이회서당, 우리집을 만나볼 수 있어 그나마 다행스럽고 한편으로 가문에 대한 안타까움이 든다.

친정 집안의 다음 세대들이 이 가문의 유산을 어떻게 이어나갈까 내심 걱정스럽다. 늦었지만 나는 생각해 본다. 진작에 접하기 어려운 한학보다 아름다운 우리의 한글로 문학공부를 일찍 시작했더라면 얼마나 좋았을까. 유명한 문인이 되어 더 많은 젊은 세대들을 재미있고 신명나게 품을 수 있지 않았을까? 하는 아쉬운 마음으로 매일매일 좋은 글을 쓰게 해달라고 '뮤즈'의 신에게 기도한다.

후세에도 대를 이어 아버지와 어머니의 청렴하고 후덕하신 선비정신과 박애정신을 보존해 나갔으면 하는 바람. 그것이 무엇인지를 진지하게 고민하고 그 길을 찾아 가야겠다.

부모님 전상서
- 부모님 유택을 찾아서 -

  지난 2월 11일. 여행버킷리스트에 올려도 손색이 없을 만큼 멋진 친정 경남 고성을 6년 만에 찾아가게 된 사연입니다.

  돌아가신지 30년이 지난 부모님 누워계신 산소자리에 청석 밑으로 물이 고여 항상 걱정하시던 오빠들과 '이회서당' 아버지 제자분들의 적극적인 후원으로 좋은 명당자리로 유택을 이장하게 되었습니다. 상석과 비석에 새겨진 아버지의 커다란 유업을 이제야 해드릴 수 있게 되어 평생 숙원을 풀게 되었다고 좋아하시는 오빠들과 언니들, 가족들 모두 마지막 효도를 하게 되어 감회가 새로웠습니다. 제자분들의 묘비문을 간단히 한글로 발췌해봅니다.

  『許公은 근세 대유학자요. 고성의 가락후인이시다.
  시조는 선문으로 고려 태조의 개국을 도운 공신으로 공암촌주가
  되었다. 이로부터 이름난 재상과 명현들이 끊이지 않았으며 공의
  9대조 규의 후손들은 가학이 융성하여 대를 이어 내려왔습니다.

아! 선생이시여.

정기는 물과 같고 높은 산이옵니다.

세상의 때를 잘못 만나 평생 유학만 종사하셨습니다.

오직 인과 의를 따라 성실과 공경을 일삼으셨네.

선현의 가르침을 실천하며 충효로 맑고 밝게 살으셨네.

선비들을 구름처럼 모아 반듯하게 기르셨네.

유풍을 진작시켜 그 혜택이 사방에 뻗치셨도다.

위대하구나. 높은 품격이시여. 길이길이 빛날진저.』

나 또한 풍수학 명당자리에 대해 전혀 알지 못합니다. 자신의 뿌리를 알지 못하는 사람은 내일에 대한 탄탄한 꿈을 가질 수 없었습니다. 가정생활, 사회생활에서 전통과 풍속에 대한 넓고 확실한 상식을 갖지 못할 때 집단 속의 고립과 소외를 겪게 되는 것입니다.

나이 일흔을 지나고서야 비로소 우리 부모님의 존재가치를 알게 되었습니다. 내 발등만 보고 살다가 문학에 입문하면서 책을 읽으며 쓰며 늦게 깨달음이 왔음을 고백합니다.

고성 소가야 당항포 바닷가 전경과 멀리 거류산이 눈앞에 어리는 높은 산자락 한가운데 바람도 잔잔한 하늘가, 사방이 탁 트여 온몸으로 이미 정기를 받은 듯 했습니다. 주변에 동백나무를 심어 그야말로 천상의 화원이었습니다.

그리고, 참으로 이상한 일은 다리가 불편한 언니는 지팡이로 앞장서 길을 안내하였고 오빠는 아버지를 조심스레 모시고 나는 어머니를 품에 안고 가파른 산길을 내려오는데 따뜻한 기운을 몸으로 느끼며 한참을 마음 속 정담을 나누었답니다.

늦둥이로 태어나 결혼 후 거듭되는 사업실패로 살아계실 때 한번도 효도를 못해드리고 보내드린 죄스러움을 조금이나마 덜어내고 어머니를 이렇게 뵙다니 행복했고, 감격의 뜨거운 눈물을 흘릴 수 있었습니다. 수술 후 하체에 힘이 없어서 지팡이에 몸을 의지하며 기어이 산을 오르는 팔순 넘은 두 오빠와 언니가 말씀하십니다.
"이제는 걱정 말거라. 삼상팔판서(三相八判書)의 큰 인물도 나오고 너희 아들 장가도 가고 자손만대 부귀영화가 올 것이다."

두 오빠는 그동안 얼마나 마음에 죄스러움을 담고 사셨을까? 이젠 이해가 됩니다. 2박 3일의 친정나들이에 따뜻한 밥, 싱싱한 해산물 진수성찬에 용돈까지 얹어주신 친정가족들과 이회서당 후학 제자분들께도 일일이 감사인사 올립니다.

부디 강령하소서.

여섯 남매의 꿈동산

　일곱 살 적, 어머니의 손을 잡고 시집간 언니가 지어준 빨간 치마 색동저고리 차려입고 옆구리엔 천자문 책을 끼고 이름 모를 산새소리, 물소리, 상큼한 풀냄새며, 높은 '적석산'의 부처손 고사리와 엉겅퀴꽃, 지천에 널린 황금부추꽃밭을 지나 '번듯재' 꼬부랑 산길을 지나 한 시간 남짓 걸어가면….
　드디어 옥수암 맑은 물 월계수나무로 잘 꾸며진 외갓집 큰 대문이 보인다. 대문을 열면 고래등 같은 기와집 네 채, 소슬대문을 지나고 행랑채를 거쳐 안채 높은 축담을 막 올라서면, 버선발로 반갑게 맞아주시던 외숙모 외삼촌의 다정스런 모습이 지금 내 눈앞에 파노라마처럼 펼쳐진다.

　신라의 국조 박혁거세왕의 후손인 밀성 박씨 집안, 그 당시 군의원을 지냈던 외삼촌은 외할아버지가 '천석지기'의 부를 일궈 융성하던 시기였다. 건너채 광에는 보물창고마냥 커다란 금붕어 자물쇠가 늘 굳게 채워져 있었다.

그 광문을 열면 세상에 없는 과일이 없었고, 김이 모락모락나는 떡시루와 수정과며 고기가 가득 준비돼 있었다. 행랑채엔 일하는 분들이 많아 아침마다 진수성찬이었다. 이 모든 것이 우리 육남매에겐 어릴 적 신기한 꿈의 동산이었고 아름다운 추억이었다.

다음날 아침에 일어나면 외삼촌은 의례히 "시란아! 책 덮어놓고 천자문 좀 외워봐라." 하신다.

나는 신바람이 나서 '하늘 천, 따 지, …, 이끼 야!'까지 외우면 "누님! 막내딸 신동이네요. 자형을 닮아 영리한가 봅니다. 허허!" 하시며 용돈도 듬뿍, 연필도 공책도 먹을 것도 한가득 내주셨다.

어느 날 어머니는 외가에서 돌아오는 길에 어린 내 손을 잡고 혼잣말로 얘기 하셨다.

"너희 외할아버지가 천석재산가면 뭐하노? 딸이라고 공부를 안 시켜 이렇게 까막눈으로 평생을 무식하게 살게 해서는 안 되제? 너는 부지런히 공부해서 여자라도 너거 때는 세상이 좋아져가 편하게 살끼다. 촌음을 아껴서 제발 공부해라! 공부해라."라며 노래를 하셨다.

지금 이 시대를 살고 있는 나는 이제서야 깨닫는다.
물질만능, 편리한 만큼 너무 많은 걸 누려서 반인륜적, 비양심이 혼탁한 오늘을 보며 선비정신을 고집하신 부모님의 참교육이 한없이 고맙고 그리워지는 현실이다.

내가 한창 반항하며 아버지를 거역했던 열여덟 살 무렵 우리집 사랑채엔 언제나 아버지의 하객들로 문전성시를 이루었고 어머니는 손님 접대를 위해 매일같이 술상, 밥상 차려 내시느라 광목 앞치마에 불이 날 지경이었다.

질풍노도 사춘기 시절의 나는, 가정경제를 소홀히 하고 어머니가 혹사당하는 남성 위주의 유교문화가 싫어 아버지에게 삐딱하게 대들기도 했다.

또한, 외할아버지가 어머니 시집 올 때 당나귀 등에 전답 열 마지기 값의 엽전꾸러미를 실어 보내셨다는데, 그 돈을 재테크할 줄 몰라 돈 궤짝에 넣어만 두고 곶감 빼먹듯 빼먹어 없어졌다는 얘기를 듣고 어린 마음에 더욱 속이 상했던 것이다.

'우리 아버지는 글 밖에 모르는 선비'인 것에 대한 막연한 부정적 인식과 무력한 아버지에 대해 많이도 반항하였다.

어머니는 외할아버지를 닮아 어떡하든 우리 육남매를 위해 돈을 벌어보려고 아버지 한약방 옆 건물에 참기름 가게를 내겠다고 하셨다가 날벼락을 맞았다는 얘기도 들었다. 그렇게 어머니는 열심히 노력하여 가진 만큼 이웃과 함께 나눔의 미덕을 몸소 실천하셨다. 겨울이면 솜버선을 만들어 광주리 채 대문 밖에 내놓으시고 먹을 것을 함께 나눌 줄 아는 여장부이셨다.

돌아보면 어느새 나도 모르게 부모님 나이가 되었다. 이제 중년을 넘은 요즈음 나의 삶은 건강과 작은 복록이 함께 하고 있다. 이 작고 소소한 행복함이 부모님의 무한한 음덕이었음을 뒤늦게 깨달으며, 불민한 여식임을 스스로 고백해 본다.

아버지의 회초리

가을아,
금가루 뿌린 듯 가을햇살이 나지막이 내려앉습니다.
국화향기 그윽한 뜰아래 아버지 생각으로 눈을 감아봅니다. 추석이 막 지나고 좋은 계절 열여드렛날 아버지의 기일이었습니다. 옥색 도포자락 펄럭이시며 문중 일에 비석 위 새길 글을 받아 밤새도록 쓰시던 심오한 작업을 백년이 넘도록 몰랐습니다.

한 달포를 집을 비우고 밖으로 출입하셨던 아버지. 전화기도 없던 그 시절, 향기 맡고 찾아오는 벌나비처럼 사랑채에 모여드는 아버지의 친구분들 도연명의 「귀거래사」 시 한수를 읊으시던 글벗들. "귀거래하야 전원이 장무하니…" 추석 밑이라 먹을 음식을 준비해 놓으신 어머니는 부리나케 술상을 차려 내다 나르시며 부러운 듯 혼잣말로 뇌이십니다.
"학식 풍부하고 친구분 많으니 당신은 참 좋겠소. 가는 곳마다 좋은 옷에 맛난 음식 대접 받고 사시니 얼마나 좋소."

"너희 아버지처럼 살려면 배워야 하느니라."
늘상하시던 어머니의 말뜻을 이제야 알았습니다.
문인文人으로 활동하셨던 아버지. 일흔이 넘어 막내딸이 아버지의 그 길을 걷고 있습니다. 참으로 고맙습니다. 노년에 이런 기회를 주신 아버지의 피 한 방울의 의미를 깊이 새깁니다.

일곱 살 때 동갑내기 사촌동생이랑 사랑채에서 천자문 배우던 소중한 기억들. 열여섯 자 한 페이지를 다 외우고 뜻풀이까지 해야만 사랑채를 나와 아침을 먹을 수 있었습니다. 그리고, 스무살 막 고등학교 졸업생인 내 소중한 친구 이정은을 작은오빠에게 소개팅을 해서 올케언니로 맞았습니다. 그 올케언니와 나는 아버지께 천자문 한 권을 배운 이회서당의 동인이 되었습니다.

그땐 아버지의 그 회초리가 얼마나 무서웠던지 모릅니다. 가부장적인 아버지는 집안의 기강을 다잡기 위해 근엄하고 무섭기만 했던 아버지셨지요. 집 비우고 한 달 외출하셨던 그 시간은 얼마나 행복했는지 모릅니다. 따뜻한 안채 어머니 곁에는 육남매 옹기종기 모여 아버지 흉보기에 밤새도록 웃고 떠들었던 기억들. 지금 생각하면 참 행복했던 어린 시절의 추억입니다.

아버지의 지대하신 공로로 일곱 살 때 배운 한자 실력으로 평생을 잘 살고, 어휘력과 문장력이 아버지를 닮아있는 듯 합니다.
경상도식 발음을 교정해주시면서 또박또박 표준어로 쓰고 말하라고 무섭게 야단치셨던 책상 밑 회초리.
한학자로, 한의韓醫로 평생을 사셨지만 국어를 사랑하셨던 아버지.

한글날을 맞으며 느껴보는 아버지의 따스함. 손때 묻은 아버지의 편지 한통은 아직도 소중하게 제 액자 속에 있답니다.

가난한 새댁의 신혼생활이 걱정되어 힘내라 용기 주셨던 나의 아버지, 당신의 피를 이어 늦깎이 문인으로 잘 살고 있음에 감사합니다.

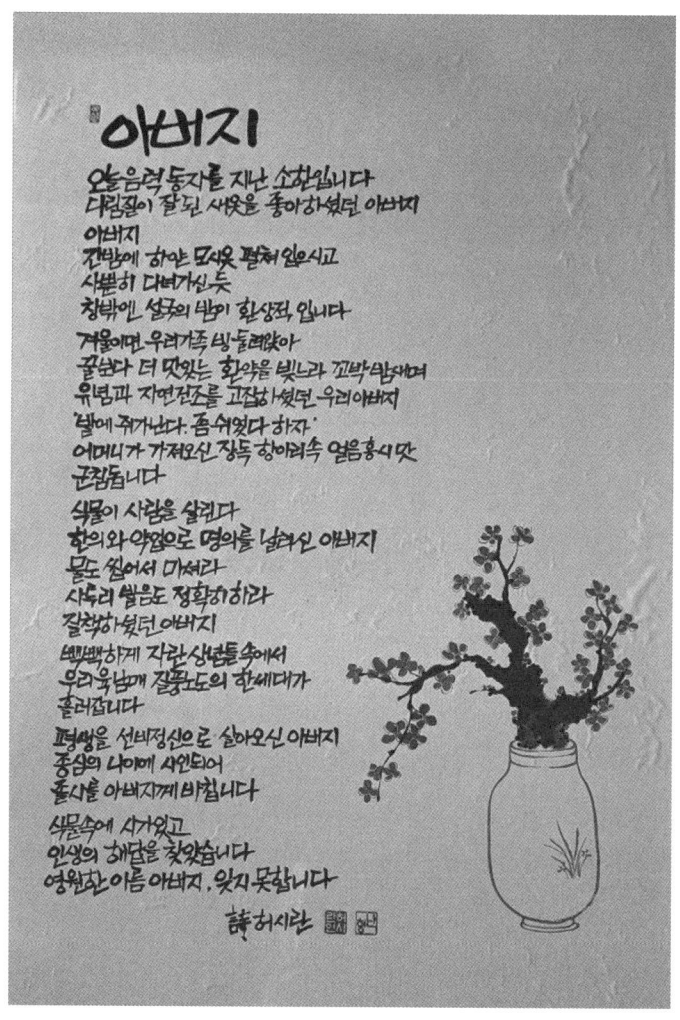

아버지의 선물

유년의 추억이 새록새록 아침 물안개처럼 모락모락 피어오르는 이른 아침.

39년 전, 신혼여행길 남해 어느 문방사우점 필묵을 사들고 고성 고향 친정 나들이. 그때 받은 아버지의 휘호 4점 중 '난사형蘭斯馨' 이란 이 글은 이 다음 아호로 쓰면 좋겠다는 말씀에 지금까지 액자에 간직해서 걸어 둔 우리집 제1호 가보家寶다.

'난의 향기 같은 사람이 되라.'는 기원을 담아 한 달을 애써가며 지으셨다는 이름처럼 모진 세파에 용케 살아난 강인한 난이 되었다. '이름값을 더하여 건강하고 강인하고 후덕하라.' 하신 그 말씀처럼 그리 살려고 노력 중입니다.

네 점 중 두 점은 작은 오빠께 선물로 드렸다. 지금까지 부모님 생전 모습처럼 살펴주시는 것에 감사해서요. 깨끗한 선비로 학鶴처럼 살다 가신 아버지, 어머니. 많이많이 사랑합니다.

잊지 못하는 날

玉이 둘인 女人.

그녀는 내 고향 후배이고, 작은 오빠의 둘도 없는 제자이자 내 친구의 동생이다. 볼우물이 예뻤고 훤칠한 키에 조용조용한 경상도 사투리에 애교가 넘치는 상냥한 아이.

10여 년 전, 춘천남부노인복지관 문예 창작반에서 열심히 문학 공부할 즈음 초빙 강사로 초대되어 작품 낭송을 하시던 박 회장님. 흰머리가 희끗희끗한 중년의 인상 좋은 중후함이 깃들은 모습이었다. 공무원으로 재직하시면서도 꾸준하게 문단에서 오랫동안 활동을 하셨고, 강원도청에서 퇴직한 후에도 여전히 열성적으로 문학 활동을 하시면서 서로 얼굴을 익혔다.

그러던 어느 날. 조용히 옆에 오시더니 "혹시 玉이 둘인 여인을 아시나요?"라고 물으신다. 스무고개 같은 질문에 대답을 망설이고 있으니 이어서 말씀을 하신다. 사실은 도청 동우회 가족모임이 있어서 부산에 갔었는데, 그곳에서 우연히 고향얘기를 하다가 동료 중에 나를 아는 사람이 있었다고 한다. "고향 선배이고, 어쩌고 저

쩌고 하시면서 언니의 오빠가 스승님이었다고 하던데요."라고 말씀하시며 이름이 '이옥둘'이라고 아시냐고 다시 물으신다. 그때서야 머리 속을 번뜩 지나가는 그 이름.

　고향을 떠나온지 오래다보니 어렴풋하게 남아있는 나의 鄕愁와 追憶. 바쁜 꽃집 일에 밀려 저만치 두꺼운 마음의 책장 안에 고이 접혀있었다.

　이번 모임은 춘천에서 할 예정이라 그 후배도 올거라며 시간이 되면 얼굴 볼 수 있으시겠냐며 물으셨다. 어쩌나? 이렇게 늙어버린 내 모습을 보여주기가 망설여지고 고민이 된다. 함께 오시는 일행분들도 계실텐데 식사할 자리도 아니고, 놀러 다닐 것도 아닌데 어쩐다. 잠시의 망설임이었지만 나도 만나고 싶다고 말하니 마침 마지막날 일정이 꽃집 인근 삼교리 막국수집에서 점심식사를 할 예정이니 그 전에 꽃집에서 잠시 만나기로 했다.

　60여 년 만에 만나보는 후배에게 무슨 선물을 하는 것이 좋을까? 며칠을 고민하다가 춘천 특산품으로 많이 알려진 옥비누 세트를 준비하기로 했다. (玉이 둘인 女人)- '이옥둘'을 위해서 이보다 좋은 것이 없을 것 같았다. 그리고, 함께 오신 동우회원들에게 드릴 콩이 들어간 백설기를 인근 떡집에 당일날 받을 수 있도록 주문했다. 또 꽃집에서 판매하는 꽃씨를 스무개 준비해서 '생명의 씨앗으로 행복을 싹 틔워보세요.'라는 문구를 넣은 화원스티커를 붙여서 준비해두고, 문집 몇권을 준비하여 가방에 챙겨넣으며 밤 잠을 설쳤다.

　아련하기만 한 옛날 추억들, 그녀의 집은 개울 건너 20분 정도 걸어가야 했지만, 우리는 자주 만나 이집 저집 오가며 하룻밤을 함께 자며 학예회 무용연습도 하느라 쿵쿵거리며 놀고는 했다. 내가 놀러가면 조청 바른 유과, 식혜를 내어주시던 그녀의 어머니와 할머니는 너무도 친절하셨다. 아마도 어린 마음에 항상 뭔지 모를 대접 받는 기분이었다.

만나기로 한 아침. 옛 생각을 하며 손은 연신 꽃을 들고 왔다 갔다 부산을 떨고 있을 때 아들이 멀리서 나를 부른다. 왔구나!!!

드디어 그녀와 그녀의 남편분, 박 회장님이 오셨다. 우리는 얼싸안고 한참을 하하호호!! 두 손을 부여잡고는 서로의 눈을 한참 들여다봤다. 그녀는 남편이 나와 용띠 동갑이라며 소개를 한다. 볼우물이 예쁘고 키가 컸던 그녀도 칠순이 막 지나가는 예쁘게 나이 들어가는 신노년이다.

참~ 우째 이런 인연도 있을까? 생각지도 못한 일이 현실이 되어 눈 앞에 펼쳐지고 있다. 꿈 같은 시간들.

"언니예. 참 곱습니더. 꽃집이 참 예쁩니더. 언니 부잡니더." 연신 말 끝을 올리는 그녀의 사투리에 또 한바탕 웃고 떠들며 짧은 시간이지만 행복했다. 그러나, 예정된 점심시간에 늦지 않게 떠나야 할 시간이다. 꽃집 앞에서 사진 몇 장을 찍고는 우리는 이렇게 헤어져야만 했다.

"잘 가거라, 좋은 남편분 만나 행복하게 살아서 정말 보기 좋구나."

그녀가 두고 간 선물꾸러미를 들고 늦은 저녁에 집에 왔다. 부랴부랴 고기를 굽고 저녁을 준비해서 가족들이 둘러앉아 식사를 마친 후 천천히 꾸러미들을 풀었다. 알록달록 직조된 손타월들과 롯데상품권 30만원이 봉투 속에 들어있었다. 아니, 이게 무슨 일이야? 그녀에게 전화를 했다. 부산에 막 집에 도착하여 남편과

자리에 앉았다고 한다. 과한 상품권에 대해 물었다. 그랬더니 그녀가 하는 말.

"언니예. 제 졸업식 때 받은 선물 오봉과 일기장(?)에 대한 감사한 보답입니더." 나는 기억도 없는 얘기를 하며 그때는 어려서 몰랐지만 이제 알겠노라고 한다. 30분 정도의 해후를 꿈결 같이 보내고 또 언제쯤 이런 행복한 날을 맞을 수 있으려나?

옥산골 번듯재 고개를 넘어 어머니와 걷던 외갓집 가는 길. 그 길을 그녀도 기억하고 있었다. 우리들의 티 없이 맑은 소녀 시절을 함께 했던 추억들, 이제는 모두 떠나버린 고향마을. 텅 빈 마음을 꼭꼭 채워주고 떠난 예쁜 후배 동생. 그녀와의 즐거웠던 순간들과 안부를 작은 오빠에게도 전해드려야겠다. 玉이 둘인 그녀의 이름. 왠지 모를 일이지만 소중한 인연임엔 틀림이 없다. 춘천과의 인연과 사람과의 인연들, 그리고 이 교수님과 박 회장님.

목련이 지듯 나의 노년도 벚꽃향 바람에 실려 이곳에서 허리를 펴고 고향처럼 편하게 살으리. 저마다의 삶이 서로 달랐지만 끝내 만나는 인연은 만나지는 것. 하루를 살아도 소중하게 살아야 하는 이유를 알게 하는 오늘이었다.

이회서당以會書堂 이야기

백 년도 지난 내 아버지의 이야기다.

선대 침계공 할아버지로부터 밀양, 안동 등지로 젊은 시절 공부를 하러 다니신 후 일본의 식민지에서 막 국권을 되찾아 혼란스럽던 그 시절, 아버지께서는 교육을 받지 못한 청소년들이 안타까워 신계사저新溪私邸에 이회서실以會書室을 개설하였고, 그렇게 사랑채에서 교육을 받고 나간 문하생들만 600여 명이나 되었다.

한의韓醫와 한학漢學으로 학맥을 이어온 지 한 세기가 지나고 있다. 곱게 한지로 책을 엮어 일일이 쓰시고 만들어 천자문부터 가르치셨던 그 뜨거운 열정, 방학이면 서생들이 쌀자루를 메고 집으로 몰려왔고 어머니와 두 언니는 부엌에서 밥을 해서 대접하시느라 분주하셨던 아련한 추억들….

이제 나도 어느새 망팔望八을 향해 달려가는 시계의 초침 소리처럼 또 한해를 맞았다. 빠르게 변화하는 현대사회는 편리한 만큼의 과제가 산적하다. 오늘도 저 남녘 땅 고성에서 사라져가는 전통문화인 아름다운 선비문화를 꽃피우기 위해, 또 무너지는 사회기강과 윤리를 바로 세우려고 노력하는 후학 동인들이 있다. 백발이 성성한 두 오빠는 퇴직 후 낙향하여 이들과 매주 금요일 두 시간 뜨거운 강론을 펼치고 계신다. 이와 함께 해마다 〈가을문화유적 탐방〉과 〈이회서당 자료집〉을 발간하고 있다. 거리가 멀다는 핑계로 매년 참석하지 못한 채 영구회원으로 아버지를 기리고 있는 나는, 출가외인이란 핑계로 불민한 여식임엔 틀림없다.

우리집 가산이 기울어 갈 무렵 제자들이 사단법인을 설립하여 스승의 유지를 받들어 박주일배薄酒一杯하시는 제자들과 두 오빠들에게 그저 감사한 마음을 보낸다. 보내온 문집을 펼쳐보면 재미있고 유익한 내용들이 온 지면을 가득 채운다.

공자는 인간의 성장단계를 100살로 보았다. 백세시대의 의미를 위해 우리는 무엇을 준비해야 하는가? 준비를 하면 축복이요. 준비하지 않으면 재앙이다. 조사에 의하면 100세 시대가 축복이라는 의견이 32.9%, 재앙이라는 의견이 40.1%였다. 응답자의 연령이 높을수록 재앙이라는 응답이 높았다. 이는 고령자일수록 백세시대에 대한 준비가 되어 있지 않음을 의미한다.

그리고, 노인의 네가지 고통을 사고四苦라 했다. 첫째, 빈고貧苦- 소득이 없어 가난에 시달리는 고통스러운 삶이다. 둘째, 병고病苦- 노인들은 4개 이상의 질병에 시달리며 힘겹게 산다. 셋째, 고독고孤獨苦- 찾아오는 사람 없이 외롭게 사는 노년의 삶. 넷째, 무위고無爲苦- 일을 하고 싶어도 할 일이 없어서 고통받는 삶이다.

이렇듯, 아버지의 문학류의 작품을 탐독하면 오늘날 중·고등학교,

대학교 과정에 비유될 수 있을 만큼 장대했다. 심오한 文과 詩는 〈신암선생문집〉 전권에 향기를 더하고 있었다. 한문서적이라 온전하게 이해할 수는 없었지만, 선대 학자들은 극찬을 하고 있었다.

내가 어렸을 때 고향에 아버지가 심어놓은 소사나무 아래 일신대日新臺를 향해 타고나신 善性이 물욕에 유혹되지 않도록 아침마다 범준의 심장을 외우셨다. 출가외인으로 젊은 시절 정신없이 살다보니 친정과 멀리 떠나온 내 부덕의 소치이기도 하다.

8년 전 남편을 갑자기 떠나보내고, 텅 빈 마음으로 춘천남부노인복지관을 찾았다가 순간 문예창작반 강의실 앞에서 발길이 머물렀다. 알 수 없는 무언가에 이끌리듯 닫힌 문을 열고 들어갔던 그 날- 나는 그곳에서 운명처럼 문학의 길로 들어서게 되었다.

어린 시절 선친으로부터 이어받은 문학 공부를 시작하여 마침내 시와 수필로 등단하였고, 지난해 칠월 서른 문학동인들과 뜻을 모아 〈봄내실버문학〉 창간호를 출간하여 스승님을 모시고 출판기념회도 가졌다. 내겐 참으로 감격스런 일이었다. 문학소녀였던 내가 그토록 꿈꾸어왔던 그 꿈이 마침내 일흔을 목전에 두고 현실이 된 것이다. 아버지의 유지를 받들 수 있게 되었으니, 이 얼마나 다행스런 일인가.

올해도, 문학동인지 2집을 구상하고 있다. 처음 문학의 길에 입문하면서 그 어려운 공부를 하면서 나는 삶의 보람을 되찾았다. 초대 회장직을 맡으며 어린 시절, 어머니가 늘 말씀하신대로 "여자도 배워야 산다." 하시던 그 뜻을 영원히 기억하며 진정한 문인으로 조용히 살아가려 한다.

아들과 함께 꽃집을 해 온 지난 20년 가까운 세월, 한결같이 정성껏 키워내면서 환하게 웃는 꽃잎들을 다독이며 너의 향기처럼 우리 아들과 황금 같은 시간을 즐기고 있다. 어찌 보면 두 번째 맞는 나의 골든 타임이 지금이 아닌가 싶다.

 '인생에서 늦은 때'란 없다. 앞으로 30년-100세가 되는 그날까지…. '행복한 사람이란, 희망을 가진 사람'이란 헤세의 말을 기억하면서, 묵묵히 그리고 꾸준히 글을 쓰며 내 영혼의 텃밭을 가꾸어나가야겠다.

어머니의 손

'기도'를 생각하면 애달픈 어머니의 모습이 떠오른다.

그 옛날, 딸 셋을 낳고 아들을 못 낳은 죄로 어머니는 할머니의 엄한 시집살이를 사셨다. 그럼에도 기죽지 않고 당당히 암자에 들어가 백일기도 지극정성으로 마침내 아들 삼형제를 낳아 가문의 代를 이은 장한 여인이 나의 어머니이시다. 남존여비-그 양반시대에 쉽지 않은 어머니의 옹골차고 당당함은 가히 여장부였다.

삼신 할매에게 우리 옥동자 꽃님이들 무병장수하고, 큰 인물 되게 해주시고, 재물복 있게 해달라고 안방, 부뚜막, 장독대, 대나무밭 평상 위에 한상 차려놓고 두 손 모아 지극정성으로 비셨던 어머니의 기도를 어린 나는 기억하고 있다.

옛날 가난했던 나의 신혼집에 무거운 쌀가마니를 싣고 오신 어머니 하시는 말씀. "마음 상하지 말거라. 좋은 남편 만나 아들딸 낳고 가난해도 성실하니 잘 살거라. 걱정 말고 용기내어 살아내라."

엄마라는 이름으로 살아서 훗날을 기약하자고 하셨던 어머니.

항상 곁에서 토닥여주시고, 기도해주셨던 어머니가 그립다. 하루종일 일만 하셔서 그런지 어머니는 초저녁 밥상을 물리고 나면 잠자리에 드셨다. 나도 어머니를 닮아 초저녁잠이 많아 일찍 잠자리에 든다. 새벽별이 반짝일 무렵 창문을 열어 별을 올려다보며 기도한다. 그때 어디선가 어머니의 음성이 들려온다.
"얘야! 티끌만큼의 욕심도 버리거라. 가져갈 것 아무것도 없는 빈손이다. 사는 동안 건강히 이웃에게 베풀고 형제와 우애 있게 하고, 가족 소중한 줄 알고 열심히 살면 그게 복 받고 사는 거란다."
또, 들려온다. "마음 상하지 말거라. 아이야."

며칠 전 작은 욕심으로 밤잠을 설치며 고민에 쌓였었다. 그 후, 줄줄 외던 꽃이름조차 기억이 잘 안 났다. '청춘이란, 인생의 어떤 한 시기가 아니라 마음가짐을 뜻한다'는 〈울만〉의 시 '청춘'을 외워도 금새 잊어버릴 때 서글퍼지기까지 했다. 열정과 이상을 잃지 않았는데 이렇게 속절없이 늙어가는구나 스스로 자책하면서….
박춘자 할머니는 50년 동안 김밥을 말아 모은 삼억 삼천 만 원을 세상에 기부를 하고 하늘로 돌아가셨다는데, 나는 이게 뭐야?

스프링처럼 톡톡 튀는 봄, 밖으로 나가 자연을 본다. 밭 가장자리의 사과나무, 엄나무가 빼꼼히 실눈 뜨고 새순을 내밀고 인사를 한다. 죽은 듯 마른 가지의 조팝나무 앵두나무도 꽃눈을 열심히 움 틔우려 부단하다. 놀랍도록 신비로운 자연의 순환에서 잃었던 꿈을 다시 찾는다. 누렇게 말라죽은 듯 누워있는 잡초들 하나도 미워하지 말자. 그들도 자손을 번식하느라 죽은 듯 살아있었나니.

최근에 농산물, 과일값이 고공행진이다. 힘들게 농사지어 나누어가며 건강밥상을 챙겨야지. 묵혀둔 괭이와 자루 빠진 호미도 고치고 씨앗을 준비해서 농심 가득 담아 파종을 해야겠다.

만물이 소생하는 봄, 생동감 넘치는 봄, 다시 시작해 볼 수 있는 봄이라서 좋다. 강가에 나온 아이처럼 시니어의 마음이 설렌다. 불현듯 어머니가 보고 싶다. 어머니의 기도하던 손을 생각하며 나의 작은 기도로 새봄을 맞으려 한다.

그녀의 눈동자

서늘한 가을처럼 그녀를 생각하면 처연히 외롭다.

유난히 광채가 나는 큰 눈의 그녀는 7년째 요양원에 홀로 누워 있다. 깜빡이는 기억의 오류로 그만 지갑을 잃었고, 길을 잃어 헤매다 파출소에서 연락이 오고, 언제는 도어락 비밀번호가 생각이 나지 않아 문 앞에 앉아 있던 그녀.

치매가 의심된 자식들의 손에 이끌려 요양원으로 가게 된 그녀는 구순 중반을 넘긴 우리 육남매 중 둘째 언니다.

자식들은 맞벌이로 정신없이 살고 있는 전형적인 현대인. 수많은 고민을 할 수 밖에 없었을 것이고, 자신들도 마음 아픈 선택을 해야 하는 현실이었겠지만 어머니를 요양원에 모시는 것은 성급한 결정이었지 않았을까? 재고의 여지가 있었지만 이미 시기를 놓쳐 버렸고, 누구도 대신할 수 없는 어려운 상황이라 그냥 넘겨진 채 세월은 흘렀고 그것이 정해진 수순이었다는 듯 흘러버렸다.

초점을, 정신을 잃지 말자고 자신에게 수없이 외치면서 살아온 못난 동생, 힘없는 동생의 한풀이요 넋두리인지도 모른다.

그녀의 요양원 생활이 길어지건만 철 지난 목련꽃처럼 말라가는 손마디와 살갗의 모습을 차마 온전히 볼 용기가 나지 않아서 애써 외면하고 있는 것일까.

그녀는 성정이 올곧고 빈틈없이 깔끔하셨지만 잦은 건망증이 치매로 오인 받아 요양원으로 가신 듯 하지만 내가 모시고 책임질 여력이 되지 않기에 선뜻 나서지 못하고 회피하고 있었던 것 같다. 자식들이 훌륭하게 대성한 가문이지만 현실적으로 이해하기 힘든 부분을 어찌 받아들여야 할지 먹먹하다.

평생 그녀는 친정아버지의 한복을 곱게 만들어 드려 효성이 지극하셨다. 자로 잰 듯 정확하고 빈틈없이 한복과 양재 기술이 뛰어나셨고, 손재주와 인물이 타고나셨지만 남편복이 없어 안타까운 세상을 살아내셨다.

그런 언니도 꿈 하나가 있었다고 한다. 젊어서 영화배우가 되고 싶었다고 얘기하신 적이 있었다. 두 눈이 유난히 컸고, 훤칠한 키에 하얀 피부, 오똑한 콧날, 똑 부러지는 성정과 옷맵씨로 옷을 손수 만들어서 두루 차려입고 나가면 시내 뭇남성들이 누구집 딸이냐고 묻곤 하셨단다. 그랬던 그녀는 요양원에 누워있어도 유난히 반짝이는 두 눈동자의 결기는 잊을 수가 없다.

우리네 인생은 잠시 스치고 지나가는 바람 같은 것이다. 칠순 중반을 지나고 있는 육남매 중 막내인 나도 '세월 앞에 장사 없다'는 말을 실감한다.

초겨울을 향해 접어드는 서늘한 바람 한 결. 그래도 살아있으니 느껴보는 축복 받은 시간들. 맛있는 음식이 널린 식탁 앞에 가족들과 오순도순 휴일을 즐기고 한 권의 책을 보며 글을 쓴다는 것에 감사할 뿐이다.

식탁 앞에 앉으니 또 생각난다. 원망이 섞여있는 듯 눈물 고인 그녀의 커다란 눈망울. 손을 꽉 비틀 듯 아프게 꼬집던 몸짓은 왜 이제야 왔냐면서도 이런 모습 보이고 싶지 않았는데 왜 왔냐는 동생에 대한 뼈저린 원망임을 나는 느낀다.

콧줄로 연명하면서 말 못하는 그 몸짓이 무얼 말하시는 것인지 수 백 번을 느끼면서도 아무런 힘이 되지 못하는 못난 동생의 슬픔을 언니는 알아주시려나? 안타까운 언니를 보면서 다시 한 번 나를 다독이며 결심을 했다.

더 이상 마음 아파하지 말자. 요양원에 누워서 하루하루를 따스한 햇살 한줌, 깊어가는 가을바람 한 자락도 온전히 느껴보지 못하는 그녀의 아픔만 할까? 펄떡이는 활어처럼 씩씩하고 당찼던 우리 언니. 카리스마 넘치던 깊은 눈빛이 선하다.

나 역시도 지갑을 분실해서 운전면허증, 주민등록증, 신용카드를 재발급 받느라 일주일 내내 발품도 팔아봤고, 도어락 비밀번호를 깜빡해서 발을 동동 구른 적도 있었다. 설마 치매인가 싶어서 심장이 쿵 내려앉았다가 심호흡하고 정신을 가다듬기도 했다.

"우리가 선택한 맑은 가난은 富보다 훨씬 값지고 고귀하다. 세상에 영원한 것이 어디 있는가? 모두가 한때일 뿐이다. 그러나, 그 한때를 위해 최선을 다해 최대한으로 살아갈 것이다. 삶은 놀라운 신비요 아름다움이다."

이 글귀를 항상 기억하며 오늘이라는 새로운 하루를 연다.

버리고 비우는 일은 결코 소극적인 삶이 아니라 지혜로운 선택의 삶이라고 했다. 삶에는 영원한 상승도 영원한 하강도 없다고 하지 않는가. 자신에게 맞는 인생의 속도로 나아가면 된다고 그랬듯 어떤 삶을 살아야 후회 없이 살 것인가를 매일매일 나에게 반문하고 답하며 살아가는 오늘이다.

 그 옛날 우리 부모님은 가부장적인 시대에 가난했지만 육남매를 보물처럼 엄격하게 키우셨다. 큰 아들은 좋은 정치가로, 둘째 아들은 인성 바른 교육자로, 셋째 아들은 한의사로 3대를 이어보리라던 아버지의 야심찬 기대는 완결되지 못했고, 솜씨 좋고 인물 좋은 큰 언니, 작은 언니는 시대를 거스르지 못하고 배우지 못한 것이 평생 한으로 남으셨다. 언니들의 꿈이 무엇이었는지 알기에 더욱 마음이 아프다.

 막둥이인 나에게 기대가 크셨지만 그 또한 절반의 성공이었다. 인생은 미완성인채로 순명을 다해 살아갈 뿐이다.

 시월은 참 좋은 계절이다. 가는 곳마다 가을을 알리는데 열심이다.
 어머니를 닮은 구절초가 하늘거리며 향기로운 자태로 오늘도 나에게 인사를 건넨다.

 언니야! 우리는 모두 잠시 쉬었다 떠나는 나그네 인생이오. 가는 세월을 누가 막겠소. 모진 세월 잘 버티고 사셨는데 원망으로 아파하지 마시고 마음 편히 잡숫고 지내세요. 언니가 사랑하는 가족들 모두 당신을 끔찍이 사랑하니까요.

옛날 옛적에

　봄비가 촉촉히 내리는 淸明이다. 금요일 늦은 밤 주말이면 경주에서 먼 길 마다하지 않고 귀가하는 일등사위 얼굴도 못 본 채 초저녁잠에 빠져 꿈 속을 헤맸다.
　새벽같이 일어나 작업복 갈아입고 어느새 조용히 나간 사위. 딸과 손주들도 밭갈이 농사 준비를 위해 연세 드신 시댁 부모님들을 배려하는 마음에 잔잔한 감동을 받는다.
　중학교 2학년이 된 큰 손주와 초등학교 5학년 작은 손주, 원주에 사는 고종 사촌들과 어울려 놀 생각에 주말을 손꼽아 기다리더니 눈곱도 안떼고 부리나케 엄마를 따라 횡성 할아버지댁으로 따라 나서는 것을 보니 마냥 신이 난 모양이다.
　할아버지 할머니 농사일을 돕겠다고 어른장화를 신고 밭고랑에서 언니 등에 업힌 동생들은 재미있다고 깔깔 낄낄거리는 익살맞은 모습을 순간 포착해서 보내온 몇 장의 사진을 보며 덩달아 웃음이 절로난다.

옛날 옛적 천진난만했던 나의 어린 시절도 그랬다. 한 마을 아래윗집에서 구종형제九宗兄弟가 오순도순 모여 살았기에 눈만 뜨면 들판으로 산으로 나물 캐고 쑥 캔답시고 아버지의 청보리 밭을 헤집어 망쳐 혼이 난 기억들 사이로 그때의 청보리밭 고랑 사이로 불어오는 산들바람은 유난히 시원하고 향기로웠다.

그때 그 느낌으로 이 아이들도 그렇게 행복한 시간일거야. 힘든 밭일하시는 어른들에겐 천진난만한 아이들 웃음소리가 청량한 사이다 맛이다. 시국이 불안정하고 어수선하여 별로 웃을 일이 없는 표정 없는 내 모습에도 오랜만에 웃어보는 즐거움 가득한 청명한 하루였다.

아이들의 횡성 본가. 꼬불꼬불 산골 고향집은 어느 동화책이나 빛바랜 김유정 선생의 소설에서 등장할 법한 정서 가득한 꿈의 동산이다. 청정한 그 곳. 냉이와 달래, 봄미나리가 지천인 곳. 그곳에서 캐온 봄나물로 내일 아침 반찬 걱정이 없다. 할아버지 할머니의 지극한 손주 사랑과 부모의 사랑으로 착하고 예쁘게 잘 자라고 있는 아이들을 보며 미래의 희망을 본다.

눈썹이 그려놓은 듯 가지런하고 오똑한 코, 반듯하고 매끈한 이마, 앙다문 돛단배 입술이 말해주듯 무던하게 공부에 매진하는 굳건한 심기를 보며 이 외할머니는 모든 것이 그저 예쁘고 신통하기만 하다. 예민할 법한 사춘기도 알게 모르게 무사히 넘기고, 몽실몽실 말티즈 구름이를 지극히 사랑할 줄 아는 둘은 동그랗고 까만 눈을 서로 마주하고는 교감을 한다. 간식이 먹고 싶으면 언니 앞에 가서 꼬리를 흔들며 간식을 넣어둔 선반쪽으로 유인을 한다. 한 조각 얻어먹어보겠다고 갖은 애교와 아양을 떨며 꼬리와 엉덩이를 이쪽 저쪽으로 부지런히 실룩이는 모습이 왜 그리도 사랑스러운가.

  베개에 함께 머리를 맞대고 잠을 자고 학교 가는 아침이면 문 앞까지 따라나와서 배웅을 한다. 그리고는 조용히 언니 없는 빈 방 엎어져 있는 책가방 위에서 언니의 향기를 맡으며 낮잠을 즐긴다. 지금 우리는 강아지와 함께 살며 서로 간에 위로를 받고 웃음을 주는 관계로 더불어 어우렁더우렁 살고 있다. 옛날에는 방 안에서 강아지와 함께 산다는 것이 상상도 못했을 때도 있었겠지만 지금은 세대가 바뀌어 지극히도 자연스러운 것. 인생에 있어서 불가능한 것은 없다.

  노력과 사랑만 있으면 이루어질 수 있다는 소중한 결론을 얻었다. 육신과 정신이 맑고 곱게 하루를 소중하게 잘 살아나가리라 다짐하며 또 하루를 살아간다.

요르단강을 되돌아오신 오빠

　얼마 전 구순을 훌쩍 넘긴 분당 작은어머니의 장례식장에서 오랜만에 친정 식구들이 모두 모였다. 2~3년 사이에 몰라보게 달라져버린 우리들의 모습들, 지팡이를 짚고 엘리베이터 앞에 서 있는 두 오빠와 언니들, 팔순 중반을 지났지만 건강하셨는데 어느새 이렇게 변하실 줄이야. 서로를 부축하며 힘겹게 걷는 구부정해지신 모습을 보며 나는 깜짝 놀라 그만 할 말을 잃었다.

　춘천과 분당, 수원은 그리 먼 거리가 아니건만 나는 지금 내 앞에 발등 건사하느라 일흔 중반 나이에도 정신없이 바쁘기만 할까. 자괴감과 무력감으로 혼란스럽다. 다시 마음을 가다듬고 오빠 언니를 껴안는다. 서로의 안부를 묻고 피울음을 삼키며 가족들과 눈물 상봉을 한다. 작은 어머니 영전에 무릎 꿇어 온전히 깊은 절을 못하고 반배半拜하시는 모습을 보며 가슴이 저린다.

　그 후 설을 쇠고 며칠이 지나 잠을 자는데 꿈이 뒤숭숭하다. 이른 새벽 잠에서 깨어 꿈자리가 꺼림직해서 잠이 오질 않는다. 두어 시간을 뒤척이다가 아침 일찍 작은 오빠에게 안부 전화를 했는데 받지를 않으신다. 언니도 전화를 받지 않는다. 불안한 마음에 다시 전화를 걸었더니 언니가 전화를 받았다. 오빠가 갑자기 쓰러져 중환자실에 입원하셨다는 것이다. 평소에 술 담배도 안 하시고 깐깐하게 건강을 위해 노력한 분인데 '폐색전증'이란 진단을 받고 집중치료를 받아야 한단다. 그렇게 사흘이 지났다.

매일 밤, 나는 간절한 마음으로 기도했다. '하느님! 제발 우리 작은 오빠를 살려주세요.'
작은 오빠와 나의 인연은 각별했다. 어머니가 마흔일곱 노산에 육남매의 막내인 늦둥이 나를 낳으셨을 때, 모유가 부족해 쌀죽을 끓여 배냇저고리 흠뻑 젖도록 먹여가며 어린 나를 키우신 이가 작은 오빠였다.
나의 결혼, 남편의 잦은 사업 실패와 갑작스러운 사별을 당했을 때에도 늘 다시 재기할 수 있도록 정신적, 물질적으로 평생 도움을 주신 그런 오빠인데, 어떡해…절대안정이 필요한 상황이라 면회도 안된다고 하여 발만 동동 구르고 눈물만 난다. 부족하지만 내 온 마음을 다해 하느님께 기도를 드린다. 다행히 감사하게도 며칠 지나 회복이 되었고, 일반병실로 옮겨 환자복을 입은 오빠와 가족들과 영상통화로 재회를 할 수 있었다.

"막내 엄실아! 오빠 걱정해줘서 다시 살아 돌아왔다. 악몽과 선몽으로 망상에 시달리며 요르단江을 헤매다 아버지, 어머니, 엄서방도 만나고 왔다. 모두 등을 떠밀며 남은 일들 마무리하고 한참

더 있다가 오라고 해서 살아 돌아왔단다. 이게 꿈이냐? 생시냐? 생과 사의 기로에서 눈물범벅이 되어 혼자 많이 울었다. 이젠 걱정 말거라. 살아서 돌아왔으니까."

나는 오빠의 생환에 너무 기뻐 덩실덩실 춤을 추며 환호했다. 무릎 꿇어 기도했다. 살아 돌아와 주셔서 감사해요. 이젠 제가 오빠를 보살피며 은혜를 갚을 차례입니다. 마음의 빚이 남지 않게 뜨겁게 사랑해드리고 외롭지 않게 할거에요.

얼마 전에도 작은 오빠가 그러셨다.
"친정와서 며칠 밤만이라도 자고 가거라." 아버지가 남긴 서재 자료들, 선산과 종중 일들 마무리를 위해 과로하였고 천리 길을 오르락내리락하시더니 나와 의논이 필요해서 몇 번을 부르셨건만 나는 못난이처럼 날짜를 못 맞추고 망설이기만 했다.

부모님 생전에 못난 딸이, 못난 동생이 많이 반성하며 엉엉 울었다. 천리 밖 고향은 항상 나의 애잔한 그리움이다. 바다가 보이는 저 따뜻한 남녘 고향, 지금쯤 빨간 동백꽃이 요염한 자태로 선산을 지키고 있겠지. 이번 봄날에는 차를 몰고 작은 오빠를 보러 가야겠다. 남녘 푸른 바다가 보이는 부모님 산소에 탁주 한잔 올리고 함께 바닷가를 걸으며 못다 한 정담도 나누어야지. 더 늦기 전에 내 손으로 따뜻한 밥 지어 싱싱한 해물요리로 한 상 극진히 차려 대접해 드리리라 다짐한다.

감꽃이 필 무렵

뒷밭 우물가에 감나무 몇 그루.

우리 육남매처럼 쑥쑥 자라 봄 오면 노란 감꽃이 향기를 뿜으며 반짝반짝 윤기나는 어린 잎을 내민다. 꽃밭 언저리 여기저기 빨간 작약순이 꽃망울을 달고 탐스럽게 필 준비를 할 즈음, 따스한 고향은 겨울도 봄처럼 풍요롭고 아름다웠다.

오월이면 감꽃이 피어 억새풀 속대에 주렁주렁 꿰어 목걸이를 만들었고 달달한 감꽃향으로 봄을 즐겼다. 혹독하게 추운 겨울을 지나 봄 오면 또 다시 감나무 향수병이 도진다.

해마다 아들이 서울 화훼공판장으로 꽃과 나무를 구매하러 갈 때면 감나무 몇 그루를 부탁하여 심었지만 몇 번 실패를 거듭했다. 추운 강원도 기후에서는 감나무 생육이 쉽지 않다는 것을 알게 된 후에는 야속하지만 마음을 접었다.

감에 대한 아련한 추억들.

그것에 대한 감사한 마음도 모른 채 나이를 먹으며 늙어가고 있다. 철들지 않은 아이처럼 옛집에 대한 그리움이 켜켜이 쌓이고 보고 싶은 얼굴들이 피사체에 담겨 내 마음에 훅 안긴다. 긴 장대를 들고 찬란하게 내리쬐는 가을햇살에 눈가 주름 가득 무심한 듯 감을 따시던 아버지, 생채기는 나지 않았는지 살피시며 애지중지 치맛자락으로 닦아 광주리에 차곡차곡 담아 항아리에 쟁이시던 어머니. 추운 겨울밤 홍시 하나를 건네주시던 그 손길들. 지금 그 곳에서 살면 옛날처럼 행복할까. 모두 떠난 뒤 나 혼자 무슨 행복일까? 추억만 있을 뿐이다.

그렇다. 오늘 이 시간이 바로 행복인거야. 곁에 있는 내 가족과 친구와 이웃들이 있기에 행복한 것이지. 마치 백 오 십여 년 전 월든 호숫가에서 헨리 데이비드 소로우가 이 호숫가 숲 속에 오두막을 짓고 2년 2개월동안 노동과 학문의 삶을 살면서 세계적으로 유명한 호수가 되었다고 하듯이 '그곳을 알기 위해서는 그곳에 가야 하는 것'이 진정한 학습이다. 하지만, 내 생전에 콩코드 마을 근처에 있는 소로우의 '월든의 호수'를 가 볼 수 있을까? 더 늦기 전에 서점에 들러 책으로나마 꼭 읽어봐야겠다.

16년 전에도, 8년 전에도 내가 다짐했던 계획들은 몇 가지나 실행했을까? 제대로 완성된 작품이 하나도 없는 듯한 삶. 바쁘게 살았지만 역시 인생은 미완성인 채 나는 그렇게 채워가기 위한 하루를 보낸다.

붉은 담쟁이와 어머니

인간 존재가 연약해서일까?
강한 황사바람에 이리저리 흔들리는 누렇게 변한 무늬억새 잎, 지난 가을 건물 벽을 타고 화려하게 뻗어가는 붉은 담쟁이들. 가느다란 뼈대만 앙상한 채 이층 건물 벽을 따라 볼품없게 붙어있다. 자세히 보니 말라죽은 줄 알았는데 거기서 빨갛게 새순이 돋아나고 있었다.
아! 엄청난 생명력이다. 이걸 어쩌나….

몇 년 전 서울 꽃시장에 꽃과 나무를 데리러 간 아들이 잔뜩 들여온 고려담쟁이, 초록담쟁이 모종들을 가게 앞 모퉁이 화단에 조경용으로 몇 개를 쪼르륵 심었다. 어느덧 줄을 타고 힘차게 힘차게 위로 뻗어나가더니 건물 이층까지 벽을 타고 올라 지난 여름에는 한낮의 더위도 대신 막아주며 더위를 식혀주었고, 가을이면 빨갛게 단풍이 들어서 주황빛 건물과 함께 어울려 멋진 풍경을 연출해주었다.

지난 여름 무더위를 무사히 잘 넘기고 있었는데 웬걸. 땡벌들이 초록담쟁이 넓은 잎 사이에 몰래 집을 짓고 살고 있었던 것이다. 난데없이 땡벌에 쏘이는 봉변을 당하고는 얼얼한 손을 부여잡고 아들이 오기를 기다리며 고민을 하고 있을 즈음 연세가 지긋하신 노파 한 분이 꽃구경을 한참 하시더니 "이 꽃집은 참 아름답군요. 그런데 웬 담쟁이가 꽃집의 기운을 누르고 있는거 같아요. 빨리 걷어내세요. 사람 사는 집에, 특히 영업장에 줄 타고 오르는 담쟁이는 심는게 아니랍니다."

그 말씀에 놀라 "아! 그래요? 예뻐서 심었었는데... 안그래도 벌 때문에 위험해서 치우려고 합니다."라고 했더니 다행이라시면서 구경 잘하고 간다고 인사를 나누고 먼발치로 걸어가시는 모습이 언덕 너머로 사라져가는 것을 보며 부모님 같은 마음으로 덕담을 주고 가신 그분께 뒤늦게나마 감사한 마음을 전해드린다.

올봄이면 또 오시려나, 오시면 프리지어 한 단, 히아신스 화분 심어서 선물로 드리고 싶다. 내 어머니가 살아계셨다면 이런 말씀을 수 없이 들을 수 있었을텐데...

그 후 나는 아끼던 담쟁이덩굴을 베어냈다. 아들은 그 얘기를 듣더니 미신이라며 투덜거리긴 했지만 땡벌에 쏘인 어미의 손을 보더니 군말 없이 걷어내는데 앞장섰다. 함께 심겨져 있던 무늬억새는 삽으로 파서 큰 화분에 옮겨 심어 마당 한쪽에 판매용으로 키우기로 했다. 이렇듯 어른들의 오래 저장된 지혜를 만날 때마다 깜짝깜짝 놀랄 때가 많다. 내 나이도 세월 따라 많아졌건만 나이만 먹었지 스스로 모자람 많은 미완성 인생이다.

오늘은 출근하자마자 하천뚝방 건너 스무평 남짓한 모난 자투리 땅을 개간하여 멋진 텃밭을 만들어 여러 채소를 가꾸는 할아버지께 반갑게 인사를 건넨다. 일주일동안 밤낮으로 우거진 잡목을 베어내고 곡괭이로 굳은 땅을 일구고 굵은 돌은 골라낸 후 골과 이랑을 만들어 비단결 같이 고운 텃밭이 완성되었다. 매일 아침 무상으로 놀라운 걸작품을 감상하는 것처럼 감동의 물결이다. 오늘 아침에는 벌써 검정비닐로 멀칭을 하고 줄 맞춰서 구멍을 내고 쪼그려 앉아서는 한동안 씨앗을 넣느라 땅에 코를 박고 계신다. 아이고 내 목이 다 아프다.

나도 온실 안 꽃과 나무들에게 물을 주고 마른 잎을 정리한 후 차 한 잔을 마시며 다시 내다보니 한낮의 강한 햇살을 가려주고, 아직은 쌀쌀한 새벽바람에 씨앗들이 추울까 싶어 얇은 부직포를 덮고 물을 주고 계신다. 아침마다 잘 정돈된 텃밭을 보며 나 또한 그 어르신처럼 마음 가득 부자가 된다. 참어른으로서 배울 점이 많은 주변의 어른들을 보며 나이를 먹은 만큼 노후에는 성숙한 내가 되기 위해 농사도 글쓰기도 꽃집도 이웃과 함께 베풀고 나누며 사는 것이 나의 소망이 되었다.

그 어른을 보고 있으니 불현 듯 친정어머니 생각이 난다.
꽃다운 열여덟 청춘에 천석지기 밀성 박씨 외할아버지는 사위될 총각이 종갓집 대종손에 한학과 한의를 하고 있는 것에 반하셔서 논 열 마지기 값 엽전꾸러미를 말에 태워 애지중지 키운 딸을 종갓집으로 시집을 보내셨다고 한다.
그때부터 어머니의 시집살이는 그야말로 고난의 행군이었다.

종갓집 삼대가 한집안에서 서슬퍼런 할머니의 시집살이는 땡초보다 더 매웠다고 한다. 내가 초등학교 들어가기 전 사촌동생과 함께 아버지로부터 천자문 한 권을 다 배우고 이듬해 여덟살에 입학한 후 학교에서 덧셈 뺄셈 공부를 해서 집에 와서는 어머니께 가르쳐드렸던 기억이 난다. 그 후, 어머니는 육남매 중 막내인 내게 항상 말씀하셨다.

"새로운 세상이 열려 여자도 배워서 남자들처럼 똑같이 대접 받는 세상이 온단다. 열심히 공부해라."라고 성화를 대셨다. 어머니는 마흔 여덟에 노산으로 낳으신 나를 어떻게 키우나 걱정이 많으셨다고 한다.

"다행히 네 작은 오빠 덕분에 살았다. 이 다음에 그 공을 갚아라. 눈밝이, 귀밝이 되어 두루 쓰임새 있는 사람이 되거라."하셨다.
그렇게 바쁜 삶에 살다보니 부모님 생전에 효도 한 번 못하고 그 먼 길을 가신 후 작은 오빠 은인을 잊지 말아야지라고 더욱 다짐했다.

한참을 옛 생각에 젖었다 깨치고 일어나서 잡초무성한 텃밭에 풀을 뽑고 밑거름도 듬뿍 주어 땅의 기운을 돋우고 아들이 관리기로 만들어 놓은 이랑에 야채도 심고, 옥수수도 심자.

아들, 딸, 사위, 손주들 모두 모여 주말농장에서 고기 구워 만찬을 준비해야겠다. 마음이 부자이고 육신이 건강하면 무엇이 부러우랴. 속이 꽉 찬 호두알처럼 그렇게 단단하게 살아보리라.

낡은 재봉틀 앞에서

　드르륵! 드르륵!
　어머니의 재봉틀 소리를 들으며 잠이 들던 어린 시절. 밤새 안주 무시고 가족들 옷을 만드느라 침침한 불빛 아래에서 고단하셨던 어머니. 채곡채곡 접어둔 모시저고리, 하얀 두루마기는 아버지를 위해 지극하셨던 어머니의 바느질 솜씨의 진수였다. 나 또한 그런 어머니 생각에 오래된 재봉틀을 애지중지 버리지 못하고 있다. 이사 다닐 때마다 이리저리 들고 다닌다. 방의 반을 차지할 만큼 애물단지이지만 쉬이 버릴 수가 없다.
　남편의 사업 실패로 힘들 무렵, 어깨 너머로 배운 바느질과 어머니의 손재주 유전자 덕분에 재봉틀 한 대로 앞치마, 베개커버, 이불커버, 방석 등의 생활소품을 만들어 팔고, 옷 수선 일을 하며 생계를 이어 남편의 빚을 차근차근 갚아낸 눈물과 땀의 사연과 손때가 오롯이 묻어있는 터라 지금까지도 보물처럼 아끼고 있다.
　아마도 무일푼으로 일어설 수 있게 해준 고마운 소품이니 어찌 낡은 재봉틀이지만 버릴 수가 있으랴. 동대문시장 포목점에서

천을 사다가 예쁜 쿠션도 만들고, 간단한 앞치마와 커튼을 만들다가 입소문으로 바짓단 수선이나 지퍼 수선도 하나둘 들어오고 헌 옷 리폼까지 하다 보니 하루에 많게는 40~50만원까지도 버는 날이 있다 보니 하루라도 빨리 빚을 갚을 생각에 밤낮없이 재봉틀을 돌렸다.

이제는 친정에 손 벌리지 않아도 될 만큼 안정을 찾았으니 어언 40년 전 얘기다. 참, 지나고 보니 눈물 고인 세월이었다. 친정에서 보내오는 쌀 한가마니로 근근이 살아온 지난 날 그 세월.
그 인고의 시간과 아픔을 함께 버텨왔던 재봉틀이 내 머리맡에 놓여있다. 매일 같이 어머니를 보듯 어루만지고 먼지를 쓸어내며 애지중지 아낀다. 딸이 "새로 예쁘고 기능 많은 조그만 미싱 한 대 사드릴게요."라고 하지만 지금도 잘 돌아가는 미싱을 놓고 뭘 다시 사냐고 손사래를 쳤다. 딸도 내게 이 미싱이 가진 의미와 애증의 시간을 알기에 더 말을 더하지는 않는다.

어머니는 끝까지 나의 버팀목이고 삶의 이정표요, 철학이다. 꿈에서 어머니를 만나면 그 날의 운세가 황금이 되었다. 딸아이 고생이 눈물샘이 되어 매일매일 인편에 보내오신 죽방멸치와 해산물로 아이들의 건강을 챙겼다.

지금의 식탁풍경을 보라.
먹을 것이 넘치는 세상이다. 살이 찔까봐 다이어트를 하고 한 끼 먹다 남은 음식은 쓰레기로 내던져지는 세상이다. 물질만능의 이면에는 여러 악순환으로 고통 받고 사는 현실이다. 배고픔을 모르고 살면 올바른 사회생활을 제대로 할 수 없다. 버리는 휴지 한 장도 아껴 쓰려고 애쓰던 때가 있었는데, 어느덧 변기에 버리는 화장실용 물티슈가 나오고, 합성수지로 만들어져 썩시도 않는 물티슈가 등장을 했다.

어느 날은 과연 물에 녹아서 하수처리가 잘 될까 싶어서 대야에 물을 받아 화장실용 물티슈를 담가보았다. 하룻밤이 지났는데도 그대로 있었다. 한 장만 써도 충분할 것을 서 너 장씩 꺼내어 쓰고 변기에 버리니 안막히고 베기겠는가. 변기가 막힐 때마다 긴급출동 부르듯 손주들이 삼촌한테 SOS를 치면 삼촌은 퇴근길에 장비를 갖고 와서는 잔소리 한바탕하면서 또 뚫어주기를 반복한다.

손주들도 요즘은 환경에 대한 문제 인식을 하는 것인지 물티슈 사용을 줄이는 것 같아서 다행스럽다.

요즘 아이들도 하수종말처리장이나 생활쓰레기처리장, 재활용 수거장 등을 견학하면서 우리가 소비하고 버리는 쓰레기나 폐기물들이 어떻게 처리가 되며 그 과정에서 얼마나 많은 에너지와 수고가 들어가야 하는지를 몸소 느끼고 체험할 수 있는 프로그램들이 교육과정에 포함되었으면 하는 바람이다. 나 또한 최근에 춘천시 하수종말처리장을 견학해보면서 느낀 바가 크다.

다시 한 번, 우리는 사명감을 가지고 지구가 덜 아프게, 더 나아가서는 살려내기 위한 노력을 해야 한다. 어머니께서 그리하셨다. 헌옷 버리지 말고 지퍼 고장 나면 다시 지퍼를 달아서 입으면 되고, 허리사이즈가 크면 줄여서 입고, 바짓단이 헤지면 한단 살짝 올려서 박음질 하고 입으면 된다고 하셨듯이 지금은 넘쳐나는 세상인데 역으로 가난한 사람은 왜 이리 많은지, 없는 사람들은 더 힘들게 사는지 곰곰이 생각해보는 요즘이다.

악순환이 선순환으로 바뀌어야 세상이 제대로 돈다.
나날이 심해져 가는 기후 위기, 농민의 문제만이 아니고 우리 모두의 문제, 지금이라도 아끼고, 줄이고, 나누면서 작은 것부터 다시 시작하는 마음으로 실천하며 살아야만 자연환경이 치유되므로 각자 노력해야 하리라.

2부

만천리의 봄

만천리의 봄

 봄내 구봉산 자락 아랫마을 만천리의 봄은 더디게 온다.
 구불구불 아홉 봉우리를 넘어 내려오느라 숨이 차 쉬엄쉬엄 오는가 보다. 만천리의 만천萬泉은 만 가지 샘이 솟는 곳이란 지명에서 유래됐다. 오래전, 이곳에 온천이 나올 것이라 여겨 시추를 한 적이 있는데, 안타깝게도 경제성이 낮아 온천개발을 포기했다는 소문이 있다.

 내가 이곳에 터를 잡은 건 10년 전 환갑을 갓 지난해 봄이었다. 서른을 훌쩍 넘긴 아들 하나 데리고 도로변에 있는 밭뙈기를 구입해 꽃농원을 이전했다. 늦은 나이에 꽃가게를 차린 것은, 건강하던 남편이 갑자기 세상을 떠나면서 가업을 이어 온의동에 있던 가게를 처분하고 만천리로 이전 확장하게 된 것이다. 꽃집 이름도 꽃으로 온 세상을 밝히고 아름답게 누린다는 뜻을 담아 지었다. 찾아오는 손님들이 "사장님! 꽃집 이름이 예뻐요." 하는 칭찬에 힘이 나기도 했다. 그러나 꽃집은 겉으로 보기엔 아름다운 직업으로 보이지만, 실상은 그리 만만한 일이 아니다. 어느 가게보다도 손이 많이 가는 작업이 꽃집이다.

'논의 벼들은 주인의 발자국 소리를 들으며 자란다'는 옛말이 있듯, 화원의 꽃나무들도 한시도 빠짐없이 주인 아낙의 손길을 애타게 기다리며 살아간다. 마치 갓난아기가 배고픈 입을 벌리며 옹알옹알 배냇짓 하듯 얘네들도 자기만 바라봐 달라고 잎사귀로, 가느다란 나뭇가지로 손짓한다. 수천 그루 아이들이 화분 속에서 '나'만 바라보고 있으니, 어찌 한시도 게으름을 피울 수가 있으리…. 물론 아들이 곁에서 함께 일을 거들고 있지만, 엄마처럼 그렇게 식생들을 자식같이 대하는 잔잔한 모성은 없다. 결국 내가 뒷마무리를 해줘야 화원의 작업들이 말끔히 정리가 된다.

고생을 사서 하려면 과수원을 하라고 하지만, 꽃집도 이에 못지않게 잡다한 일들이 많다. 아침 일찍부터 그 많은 꽃나무 화분들을 온실 밖으로 내놔야 하고, 저녁이면 다시 안으로 들여야 한다. 이런 노고를 하루도 거르지 않고 해낸다는 것은 중년을 넘긴 나이로 힘에 부친 일이 아닐 수 없다.

예순을 훌쩍 넘긴 어느 봄날 오후, 하도 힘이 들어 소양호 뚝방에 홀로 앉아 '물멍'을 한 적이 있다. 뉘엿뉘엿 저무는 해를 멍하니 바라보았다. 서산에 지는 석양처럼 나의 생도 이렇게 지고 있구나. 갑자기 설운 마음이 목까지 차오르며 알 수 없는 슬픔이 볼을 타고 흘러내렸다. 문득, 수많은 세월이 지났지만 아직도 가슴 속 저 깊은 곳에 있는 고향 앞바다 당항포 고택의 안마당 풍경이 주마

등처럼 떠올랐다.

  육남매의 막내로 아버지의 사랑을 듬뿍 받고 자란 소녀가 어느새 중년을 시나고 이제 칠순의 '꽃보다 할미'가 되었다. 생의 봄날은 낙화처럼 떨어져 땅 위에 뒹굴고 생의 계절은 가을 속으로 깊이 침잠하며 가라앉고 있는 것이다.

  어느 시인은 '겨울이 가면 봄도 머지 않으리'라고 했다. 겨울이 지나면 만천리에 다시 봄은 찾아오리라. 꽃 농원의 내 꽃자식들도 다시 새싹을 틔울 것이고, 나의 노년은 호두알처럼 더욱 '견고한 고독' 속으로 빠져들 것이다. 바라건대 칠순을 맞는 이 봄에 마흔 중반의 아들 녀석이 좋은 짝을 만나 천사 같은 손주를 안겨주기를 바랄 뿐이다.

벚꽃향 날리며

　연분홍 벚꽃잎이 함박눈처럼 하늘에서 헤엄치며 날아오를 즈음. 나는 오월 어느날 세 여인들과 봄바람이 났다.
하우스의 열기 속에서 일만하던 일과 속에서 단 하루만이라도 일에서 탈출하자. 내일의 엑기스를 저장하기 위해 오늘 떠나보는거야. 어젯밤 일기예보에 비가 온다기에 밤새 근심했었는데 오늘 아침 하늘은 맑고 청명했다.
　앗싸!
　문학기행 배낭에 조그만 시집 한 권과 볼펜 한 자루, 생수 한 병만 넣고 고속도로 진입로 한켠에서 집나간 여인마냥 9시를 기다리며 뻘쭘이 서있었다. 이름도 성도 얼굴도 모르는 낯선이들과 동행하는 나는 어느 문학단체에 입회한지 5개월이 흘렀건만 코로나19로 갇혀 있다가 오늘 처음 만나는 날이다.
　가슴이 두 근반 세 근반 하고 있는데 검정색 두꺼운 안경을 쓴 여성운전자가 비상등을 켜고 차에서 내리더니 배낭을 맨 나를 금방 알아본다.

나는 차 안에서 금방 세분과 인사를 나누고 이웃사촌이 되어 너스레도 떨면서 안전운전을 당부하며 원주 소금산 출렁다리와 울링다리에 도착했다. 참 오랜만에 마셔보는 산공기. 청량한 한 잔의 사이다맛이다.
  중간쯤 산을 오르는 다리가 묵직하게 통증이 온다. 평소 운동부족으로 울렁다리까지 과연 갈 수 있을까? 못가면 오늘 일정은 실패작이다. 스스로를 위로하며 철교 위를 걷는다.
  강화유리 아래로 내려다 보이는 작은집들과 나무들. 장마당의 아슬아슬한 곡예사의 풍경이다. 어디선가 섬뜩한 처녀귀신 울음소리를 하며 '히히힝'하며 세찬 회오리바람이 분다. 철교까지의 높이 200m 유리바닥길이가 400m나 된다. 70kg 기준 성인 1,600명이 설 수 있을 만큼 튼튼하게 설계된 구조물이라고는 하지만 혹시 안전사고라도 날까봐 불안스럽다. 남자 인부 그들도 한 가정의 소중한 가장이며 아빠였을텐데 험한 이 일을 어떻게 해냈을까? 참으로 대단한 기술력에 감탄하며 흔들흔들 출렁다리를 내려왔다.
  맛집이 즐비한 토속음식점을 찾다가 〈전주식당〉에서 우렁쌈밥으로 맛있는 점심을 먹고 두 번째 코스인 〈박경리문학공원〉을 찾았다.
  고향까마귀만 봐도 반가워서 절을 한다고 했던가? 그분의 고향이 경남 통영이었고, 나의 고향이 경남 고성이니 예쁜 남해바다를 끼고 지척이니 얼마나 반가우랴.
  〈토지〉 대작을 돌아보며 세월은 흘러도 작가의 이름은 남는다는 교훈을 새기며 문인의 길이 나의 인생 마지막 행운을 안겨주길 기원하며 세 번째 코스인 〈원주천 벚꽃길〉로 향한다.
  최팀장님의 셀카봉으로 네 여인의 얼굴이 손바닥만한 핸드폰 화면에 클로즈업되어 어색하기도 했지만 씩씩한 최선생님은 운전도, 말발도 재미있었다. 이 선생님, 사 선생님 모두 즐거운 봄의 여인들이다.

네 번째 코스는 돌아오는 국도길에 〈홍천무궁화공원〉을 찾았다. 나는 직업병이 도져 무궁화 몇 그루 사려고 직원에게 묘목을 구할 수 있냐고 물어보았다. 이른 봄에 잠깐 판매를 한다는 대답을 듣고 아쉬움이 곱절로 커졌다.

위치적으로 야트막한 야산에 무궁화 단지를 조성하면 홍천의 으뜸가는 관광명소가 될텐데 아쉽다는 생각을 했다.

무궁화꽃은 가을까지 피는 꽃이다. 강원도 추운 곳에서도 잘 버티는 수종이다. 내년에는 봄에 일찍 와서 예쁜 우리꽃 무궁화를 많이 사와 농원에 심을 계획을 해보며 문학기행에서 얻은 여러 가지 느낌들이 많은 견문을 넓혀준다.

어느덧 저녁해가 뉘엿뉘엿 서산에 지고 산골의 평화로운 저녁 연기를 그리워하며 맛있는 밥 한 끼 먹을 곳을 찾는 중에 일행 중 한분이 급한 전화를 받고 우리는 작별인사를 나눴다.

오늘 문학기행의 베스트드라이버 최 팀장님, 함께 해준 두 분 선생님과 이 회장님 덕분에 화사한 벚꽃구경 잘 마치고 돌아와서 감사하고 뜻깊은 문학기행이었다.

제비꽃에게

나, 어릴 때 사립문을 나서면 온 들판이 제비꽃 세상이었다.
꽃과 꽃받침 잎자루가 보라공주인 너. 앙증맞고 오묘하고 예뻤지. 맑은 공기와 하늘빛을 담은 고귀한 너를 만나러 강원도 인제 원대리 내린천 어느 깊은 산 속까지 갔었다. 사람들은 흔히 오렌지보다 많은 비타민이 있어 너를 꽃차로 즐긴다고 하지. 꽃차! 설렘 뒤 어딘가에 기다림과 연민의 정을 느끼게 하며 한의학과 맞닿아 있을 것 같은 생각을 하며 출발을 했단다.

처음엔 꽃을 가꾸고 키워내는 나의 일상에서 용서가 되지 않은 갈등을 하다가 어느덧 느낌이 왔어. 내 아버지의 한의韓醫 사랑. 평생을 식물과 글 속에 사신 것- 인간을 이롭게 치유하시던 그 모습을 기억한다.
봄에 피는 제비꽃 민들레 목련꽃 생강나무꽃들. 이 꽃들이 약성이 좋은 한약재에 기인, 효능까지 모두 다 들어본 이름인 것을, 그만큼 자연이 우리에게 주는 행복과 깨달음까지 배우고 있지. 자연에 대한 무례함을 용서 받기 위해 최대한 훼손함이 없이 겸손하면서 사랑하도록 네게 약속할게.

제비꽃. 너는 우리 가까이에서 흔하게 쓰이는 한약재이지. 꽃, 샐러드에도 쓰이는 너는 약방의 감초처럼 그 쓰임새가 많아. 꽃차로 먹으면 색감과 향기까지 우리의 피곤한 신체와 정신을 향기롭게 까지 한단다.

나는 아직도 한의에 대한 그리움과 아버지에 대한 추억을 잊지 못한다. 까닭은 오월의 난초처럼 향기로운 사람이기를 기원하신 아버지의 간절한 바람 때문이다.
꽃과 식물, 글쓰기, 이름 석자. 이것이 꽃을 대하는 내 인생의 마지막 소망인 듯 싶다.

한 떨기 시계초 꽃

　연 이은 폭염에 한 떨기 시계초 꽃이 내 마음에 깊은 위안을 주리라고는 미처 생각지 못했다.
　8년 전이었다. 젊은 날 남편은 여러 번의 사업 실패로 몸과 마음이 많이 지쳐있었다. 딱 한 번... 아니, 정말 노후에 마지막으로 우리 부부는 원예사업에 모든 것을 걸기로 했다. 온의동 꽃집에서 그 사람과 나는 혼신의 노력으로 비닐온실 세 동棟을 손수 지었다. 온실 한켠에 나무의자를 놓고 덩굴이 올라갈 틀을 만들어 시계초 꽃과 능소화와 으아리를 심어 우리가 꿈꾸던 그 화원을 정성을 다하여 꾸미고 가꾸었고 사업은 제법 괜찮게 운영되었다.
　그런데 호사다마랄까, 그렇게 마음씨 좋고 착하기만 했던 그 사람이 어느 날 홀연히 세상을 떠나버렸다. 갑작스런 마음을 다잡고 나는 남편이 하던 꽃가게를 만천리로 이전하였다. 그토록 아끼고 사랑하며 키우던 시계초와 능소화, 으아리들 중 시계초 꽃 한 그루를 캐왔다.
　정신없이 바쁘다 보니 그만 시계초꽃을 잊고 지냈었다. 그러나

주인의 눈 밖에 난 시계초는 이전한 온실 한쪽 귀퉁이에서 묵묵히 자라고 있었다. 자연 방생으로 여기저기 뿌리를 내려 8년째 꽃을 피우고 있는 것이었다.

　이 꽃을 보고 있노라면 이 生에서 고생만 하다가 떠난 그 사람이 그립고 보고 싶다. 이른 아침 산허리에 휘감긴 안개비 속에 희끗희끗 보이는 그의 얼굴이 스치고 지나간다.

　시계초꽃, 들녘에 핀 풀꽃처럼 '자세히 보아야' 신비롭고 예쁘다. 작은 톱니바퀴 모양의 꽃잎과 마치 시간을 알려주려는 듯 세 개의 꽃술이 시침, 분침, 초침처럼 도드라진 모습이 앳된 소녀 같다.

　35℃를 넘나드는 불볕더위가 예사롭지 않은 요즘. 밭에 나가 잡초를 뽑다가 말고 얼른 그늘막으로 들어와 시계초를 들여다 본다. 지금 시간은 오후 2시 30분 20초라고 알려주듯 내게 얼굴 들이밀고 바라봐주는 그 꽃- 시계초가 요즘 내게 급변하는 세계 속에서 많은 것을 생각하게 한다.

　3년간 지속된 코로나 위기에서 탈출하나 싶더니 이상기후로 온열질환자가 속출한다는 속보가 연일 뉴스를 달군다. 러시아의 우크라이나 침공, 세계적 이상고온의 피해가 더해져 세계 식량과 에너지 위기로 물가가 예사롭지 않다.

　문득, 시계초를 보며 내게 사명감 하나가 생겼다. 그것은 꽃집을 하는 '나'부터 나무를 심고 꽃을 가꾸어 조금이라도 탄소 배출을 줄여보고, 또 농사를 지어 자급자족하는 도시농부가 되어보자는 것이다. 베어그릴스의 生存王처럼 우리의 삶도 지구가 아파하는 현상을 보고 있을 수만은 없지 아니한가.

기후 변화에 대응하며 줄이고, 아끼고, 실천하고 더하여 한 그루의 나무를 심기로 다짐하며, 아침부터 뜨거운 열기 속 한 떨기 시계초 꽃에서 깊은 위안과 용기를 얻는다.

예쁘다 목백일홍

　연일 35℃를 오르내리는 폭염 속에서 뭉게구름처럼 피어오르는 꽃잎을 보며 탄성을 지른다.
　하양, 분홍, 노랑, 다홍 여러 가지 색깔의 목백일홍. 7월부터 피기 시작해서 8월, 9월까지 근 백일간 꽃을 피운다고 해서 목백일홍이라 부른다. 원산지는 중국이며 옛 조선시대 향교에서 공부하던 유학자들이 향교 뜰에 많이 심었다고 한다.

　배수가 잘 되는 약산성 토양에서 잘 자라며 양지 바른 곳을 좋아하기에 앞마당 너른 담장 근처에 심어서 푸릇푸릇한 풍광과 더불어 한여름을 아름답게 수놓는 나무로 사랑 받는 나무인데, 분지이고 내륙지방인 영서지역에서는 추위에 약한 배롱나무가 밖에서 월동하기에는 적합한 지역은 아니라는 것이 아쉬울 따름이다.
　여기에서는 주로 커다란 화분에 심어서 귀하게 보는 꽃나무 중 하나다.
　중국에서는 목백일홍木百日紅, 자미화紫微花, 만당홍滿堂紅 등 여러 이름으로 불리는데 순우리말로 '배롱나무'라고 부르는 것이 맞다고 한다.

여름이면 영동지역 해안가를 아름답게 수놓는 배롱나무. 우리는 푸른 바다와 더불어 이 꽃을 만끽하고 싶어 여름바다를 찾는다. 사람 붐비는 곳을 가기 싫어하는 아들도 꽃쟁이라 그런지 선뜻 운전대를 잡고 고속도로에 오른다.

'행복, 부귀, 꿈'이라는 꽃말을 갖고 있어서 그런지 무수히 많이 피어나는 꽃잎이 풍성한 부귀를 뜻하는 것 같고, 마치 프릴치마를 입은 듯 풍성한 꽃잎 주름이 몽글몽글 행복이 피어나고, 무한한 꿈결을 품은 듯하다.

올해는 엘리뇨 현상으로 유난히 무더운 여름. 폭염 속에 살고 있는 우리는 앞으로 어떻게 지구를 사랑하며 살아야 할까? 불덩이처럼 뜨거운 지구의 온도를 낮추기 위해, 아니 더 높아지지 않게 하기 위한 노력으로 숲을 가꾸고, 한 그루의 나무와 꽃을 심는 것도 중요하겠지만 플라스틱을 덜 쓰고, 쓰레기를 줄이고, 음식 낭비를 줄이는 것도 중요하지 않을까.

수 십 년 전에 새마을운동을 통해 우리나라가 경제발전을 이루어왔듯 환경을 지키고, 지구를 지키기 위한 노력도 그때처럼 체계적으로 국민들이 더 나아가서 온 나라 지구인들이 하나 같이 적극적으로 실천해 나간다면 지구의 온도를 위험한계에 이르지 않게 할 수 있지 않을까.

요즘 그 절박함을 저 화려하고 꿈을 가득 머금은 배롱나무 꽃을 보면서 느껴야 한다는 게 미안할 따름이다.

각박한 세상이지만 아침마다 피는 나팔꽃, 시계초 꽃을 보며 함께 웃자. 매일매일 활짝 웃는 모습처럼….

해 질 무렵 화원 옆 밭 김매면서 뒤돌아보니 일주일 새 잡초밭으로 변한 밭둑. 가시박, 새콩 덩굴, 쇠뜨기를 걷어내며 아무 짝에도 쓸모없는 잡초라고 구박을 한다. 그러면서도 한 편으로 '이 녀석들도 생명이 있으니 지구상에 존재하려나?'

손으로 뽑으면서도 마음으로는 애틋해 하며 입으로는 이러쿵저러쿵 혼잣말로 내뱉는다.

"몹쓸 것들, 너희 정말 지독하다!!!"

풍물장터 봄나물

춘천에는 전통시장인 풍물시장이 있다.
 2일과 7일이면 으레 남춘천역에서 내려 조금만 걸으면 곧장 풍물장터로 연결된다. 그래서, 경춘선 전철을 타고 외지에서 농산물을 사려고 오는 손님들도 많고, 자전거로 춘천 의암호 물레길을 라이딩하는 동호인들도 풍물시장 먹거리 장터에서 주린 배를 채우고 간다.
 장터에는 언제나 새로움과 직거래의 즐거움이 있다. 덤으로 한 움큼 얹어주는 할머니의 무심한 듯 따뜻한 인정이 있다. 장날에는 어김없이 시장 주변 골목 어귀, 주차장 할 것 없이 만차라서 아무리 기웃거리며 몇 바퀴를 둘러봐도 바늘 하나 들어갈 곳이 없다. 그래도 향긋한 봄향 가득한 제철 봄나물을 사기 위해 마음 먹고 나왔으니 그냥 돌아갈 수는 없다. 봄나물을 사기 위해 꽤 긴 시간이 필요해서 주차비는 좀 들겠지만 인근 마트 유료주차장에 주차를 하고 장터로 향한다. 어차피 마트에서도 필요한 물건을 사야하니 겸사겸사 이렇게 주차를 하는 것이 속 편하다.

많은 사람들을 불러 모으는 우렁차고 명료한 상인의 호객소리가 장터 안을 쩌렁쩌렁 울리고, 빨강, 파랑, 노랑 쨍한 색상의 바구니에 수북하게 야채를 담아 쫙 늘어놓고 팔고 있는 시골할머니 앞으로 다가선다. 쌉싸래한 어린 오가피순, 아직 덜 자란 머윗대, 보기만 해도 향긋함이 느껴지는 오동통한 달래와 취나물, 돌미나리, 원추리나물 등이 할머니의 흙물 든 거뭇한 손가락 사이에서 오물조물 다듬어져서 바구니에 담겨진다. 직거래가 주는 즐거움과 겨울 칼바람 산 속에서도 묵묵히 봄을 기다리며 자라난 싱싱한 산채나물의 향을 맡으며 장터에서 참된 나를 찾아떠나는 바라승이 된 기분이다. 이 즐거움을 느끼고 싶어서 풍물장터를 즐겨 찾는다.

할머니 앞에서는 절대로 깎지 말자. 나도 꽃 장사를 하는 할머니 처지임을 알기 때문이다. 혹여 덤이라도 받으면 그것 또한 예상치 못한 즐거움이리라. 대형마트에서는 지역상품권을 쓰지 못하기 때문에 이렇게 풍물장터에 나왔을 때 사용을 해야 한다. 내친 김에 손주들이 좋아하는 사과도 사고, 생선도 몇 마리 사야지.

머리에 흰 두건을 정갈하게 쓴 노파가 만들어 파는 맑은 멸치국물 육수의 잔치국수 한 그릇으로 점심을 떼우고 다시 장터 끝에서 끝까지 한 걸음 두 걸음 걸을 때마다 내 눈과 고개는 좌우를 훑으며 순간 놓친 재밋거리가 없는지 차곡차곡 갈무리를 한다. 풍성한 눈요기만큼이나 나의 배낭도 무게를 더해간다. 벌써부터 침샘을 자극하는 산나물이 가득하고, 내가 장터구경을 하는 동안 혼자 꽃집에서 일하고 있을 아들 배를 채워줄 쑥떡도 한 덩어리 들어있다. 저녁에 퇴근해서 딸내미와 손주들과 함께 먹을 저녁 밥상에 올라

갈 싱싱한 생선 몇 마리로 어떻게 요리를 해서 먹일지 신바람이 난다.

어느새 나도 시나브로 노인 입맛으로 변해있다. 어릴 적에는 쓰디쓴 산나물을 왜 먹는지 이해할 수 없었고, 아버지께서 젓가락으로 산나물을 집어 내 입가에 갖다 대기만 해도 단풍손으로 잎을 틀어막고는 고개를 세차게 좌우로 도리질을 했던 때가 있었는데 말이다.

20여 년 전 강원도에 터를 잡고 살게 되면서부터 점점 강원도 사람이 되어 가는 것인지 유난히 산나물을 좋아하게 되었다. 꽃집과 텃밭어귀에서 자란 두릅나무, 오가피나무 새순이 손가락 길이만큼 자라고 있는 것을 보며 어서 따다가 살짝 데쳐 봄기운을 입 안에 마음껏 느껴볼 생각에 군침이 돈다. 머윗대를 키워보려고 씨도 뿌려보고, 머위 포기를 얻어 와서 심어보기도 했지만 토질과 관리환경이 잘 맞지 않아서 몇 번을 실패했었다. 올해는 온실 앞쪽 습윤한 곳에 다시 심어볼까 한다. 머위도 건강을 살리는 봄철 나물이라고 방송에 나온 적이 있다. 피로 회복, 면역력 강화에 도움을 주는 폴리페놀, 클로로겐산 등 항산화물질이 풍부하여 노화 방지에 도움을 준다.

화원 뒷밭에는 망초대가 지천이다. 나물로 대접 받지 못하고 천덕꾸러기 잡초로 치부되고 있는 망초대. 이 아이도 피로 회복, 노화 방지, 항암 효과, 독소 배출 등에 좋은 영향을 주고 심혈관 건강에도 도움을 준다며 아버지께서는 망초순을 뜯어서 나물로 드시며 내게도 많이 권하셨던 것이 생각난다. 지금이야 그 쌉싸래하면서도 입 안 가득 퍼지는 향긋함. 봄에 즐겨먹는 봄나물이었지만 그때는 몰랐었다. 지금은 자연이 주는 선물, 건강을 지키고 봄 향기 가득 신선하고 맛있는 밥상을 차릴 수 있어서 봄이 더욱 행복해진다.

 봄나물 잘 먹고, 잘 자고, 열심히 일할 수 있고, 초저녁 꿀잠 들어 새벽이면 일어나 한줄 글쓰기로 치매 예방에 더불어 작은 성취감으로 봄 춘곤증을 이겨내게 해준다.

마지막 선물

 부지런하고 창의적인 그는 잠시도 가만있지 않는다. 몇 번의 사업 실패에도 절대로 주눅들지 않는다. 다시 시도하는 도전정신은 좋았지만, 곁에서 조언하고 바라보는 가족들의 심정은 어떨지 보살필 수 없었다. 늘 앞만 보고 달리는 경주마 같았다.
 많은 시간과 노력, 정성은 무위로 돌아갔지만 원 없이 해 본 사업들. 하고 싶었던 소망은 다 해보고 간 사람이었으니 미련 없이 떠난 것이리라. 그것으로 나의 소임은 끝났고 나의 운명 같은 인연이었다고 되뇌인다. 전생에 빚을 지고 만난 인연이니 한 푼 없이 모두 이생에서 갚아 주리라.

 이젠 정말 마지막이야.
 20년 전 이곳 춘천으로 보금자리를 옮겨 마지막으로 시작한 것이 꽃집이었다. 우두동에서 시작하여 차근차근 규모를 키워 온의동으로, 그이가 떠난 후에는 동면 만천리로 자리를 옮겨 터를 잡고 그가 남겨놓고 간 블랙초크베리(아로니아) 100주. 그 중 남은 것들이 무럭무럭 자라 봄이면 하얀 꽃이 물안개처럼 피어오른다. 여름을 지나 가을이면 포도알처럼 까만 열매가 영롱하게 익는다. 김장할 무렵 따서 설탕과 동량으로 유리병에 켜켜이 채워넣어 효소를 담근다. 백일동안 숙성되면 향긋한 아로니아 효소가 된다. 채에 받쳐 잘 걸러 유리병에 담아 겨울이면 따뜻한 茶로 추위와 감기를 이겨내고, 여름이면 시원한 얼음과 함께 에이드로 갈증을 해소한다. 안토시아닌이 풍부해서 항산화와 시력 보호에도 좋다며 나의 눈 보호를 위해 그가 남겨준 마지막 선물에 감동 받는다. 아로니아가 주는 그의 신통력으로….

그이는 레슬링, 축구, 야구, 족구, 권투 등 만능스포츠맨이었고, 낚시와 기타, 사진촬영까지 즐기는 재주꾼이었다. 운동선수 출신답게 남에게 지고는 못사는 성격이었다. 심지어는 술 마시는 것에도 경쟁심을 느끼는지 내심 걱정이었다.

그의 다재다능함 아들에게도 어려서부터 많은 영향을 미쳤다. 특히 그림과 만들기, 사진, 야구를 하는 것에 있어서는 꽤 소질이 있다는 얘기를 들을 만큼 아빠를 닮아버렸다. 그랬던 그가 끝까지 우리와 함께 하지 못한 것은 단 한 가지 자신의 건강을 챙기지 못한 것이다. 술과 담배가 그의 건강을 잠식해가고 있던 것을 그이는 너무 늦게 알았다. 참으로 안타까운 일이다.

아빠를 옆에서 보며 자라온 아들은 술을 그리 좋아하지 않는다. 생전 담배는 거들떠 보지도 않는다. 불행 중 다행이다.

"재주가 많으면 끼니를 걱정한다." 또는 "무재주가 상팔자다."라는 말이 왜 나왔으랴. 다재다능을 믿고 자신을 과신한 탓일지도 모를 일이다.

사람의 한평생이란 그저 순간일 뿐이다. 건강은 스스로 챙기지 못하면 몸과 마음이 상하고 그것으로 인한 고통은 고스란히 자기 혼자만이 아닌 가족에게 상처로 남을 뿐이다. 백년도 못 사는 이 인생은... 칠십대 중반에서 무병하게 살아가는 이유, 정말 아프면 안돼! 혼자의 기도와 자신을 위해 끊임없이 육신을 움직여 몸과 마음을 채근한다.
　새벽 4시. 사방이 조용해서 좋다. 사랑하는 마리아께 아침인사를 한 후 쌓아놓기만 했던 책 한 권을 편다. 김훈 작가의 〈자전거 여행〉이다. 글 속에서 멋진 문장을 만난다.
　"목련은 등불을 켜듯이 피어난다. 꽃잎을 오므리고 있을 때가 목련의 절정이다."

　침대에 누워 스트레칭으로 몸에 기운을 부른다. 손도 잼잼, 고개도 도리도리, 좌우로 천천히 상체 비틀기, 웅크리고 앞뒤로 몸 굴리기, 자전거타기, 다리들어올리기를 하다보면 어느덧 한 시간이 훌쩍 지나간다. 묵직했던 몸이 훨씬 가벼워진다.
　오늘의 계획을 확인하고 6시반이면 일어나 아침 준비를 한다. 봄 푸성귀가 많으니 냉장고가 가득가득 반찬걱정을 덜었다. 상추와 루꼴라, 부추, 미나리, 토마토를 듬성듬성 썰어 오리엔탈 드레싱으로 샐러드를 푸짐하게 만들어낸다. 딸은 요즘 탄수화물 섭취를 줄이느라 상큼하고 신선한 샐러드로 아침 공복을 채운다. 아침을 깨우는 잔잔한 모닝콜 음악소리에 어린 손주들도 스스로 일어나 학교 갈 준비를 하고, 나 또한 꽃집으로 출근할 준비로 아침 시간은 늘 바쁘다.
　모두 파이팅 하며, 어제와는 또 다른 오늘 하루를 시작한다.

봄을 노래하는 우리집 식생들아

 오늘도 온실문을 열면 후끈한 펠릿 연료의 솔향기에서부터 잔잔한 팝송의 음악이 흐르는 나의 화원에서, 저만치 하얀 이를 드러내며 웃고 있는 귤꽃나무가 허리 굽혀 아침인사를 한다.
 한 뼘 건너 만리향이 배시시 웃으며 향기로 손짓한다. 모두 모두 간밤에 잘 잤니? 너희들 보고파서, 단 걸음에 달려 왔단다. 고맙다. 얘들아!

 꿀물이 흐르는 천사 같은 네 입술을 훔쳐보며 뽀뽀도 하고프다.
 얼마나 달콤하고 상큼할까? 어쩌면 너희들은 물만 마시고도 이토록 예쁜 몸매와 향기까지 만들어 내는구나. 할미는 아무리 분칠하고, 찍어 발라도 도무지 예뻐지지가 않는데….

 오월의 난초처럼 향기 있는 꽃이 되라 하신 친정아버지의 이름 석자 때문인지 태어나면서부터 내 곁엔 사방이 꽃대궐이었다. 그래서일까?

만년의 복을 꽃과 함께 살고 있구나. 3년 전 맘씨 좋은 아저씨를 잃고 정신을 놓고 있을 때 너희들이 있어 외롭지 않았고 다시 살게 했으니... 필시 너와 나의 인연은 그 오랜 옛날부터 시작되었는지 모르겠구나.

이제 붓을 들어 너와 나의 인연을 좋은 글로써 보답하려고 해.
우리집 식생들아! 오늘도 내일도 아름답게 자라다오.

기도하는 손

　내 삶이 늘 그랬듯 일을 손에서 놓지 못하고 바쁜 걸음 종종거릴 때. 어머니의 기도하는 손을 떠올린다. 꽃을 자식처럼 마음 다하여 외로움 고달픔 달래가며 인내하는 나는 꽃밭지기로 이십여 년을 살아왔다.

　2024년 올해 연초부터 마음속에 접어두었던 하나의 크나큰 결심을 결행했다. 평생동안 나의 어머니의 기도는 육남매를 위한 절절한 무속신앙이셨지만 지극정성으로 키워내신 희생이 오늘 내가 있음이. 그러나, 나는 어머니의 신앙을 넘어 나를 위한 오직 남은 여생을 위해 〈가톨릭 인터넷 교리〉 공부를 시작하였다. 마음 다지고 다져가며 새벽까지 두 눈에 불을 켜고 열심히 공부했다. 드디어 6개월 만에 컴퓨터 모니터에 팡파레도 울려주며 수료증이 화면을 가득 채웠다.

　작은 오빠가 다른 사람의 권유도 없이 혼자의 힘과 의지로 그 길을 선택했느냐고 물어오신다. '말이 빚'이 아니라 글친구와 동생뻘 선생이 묵주 2점을 주며 꼭 성공하라고 어깨를 내어준 그 힘으로 가열차게 몰입했다고 말했다. 팔순이 넘어 구부정해지신 작은 오빠는 아직도 막냇동생이 아기로 보이시는지 "우리 막내 대학원 졸업한 택이다. 정말 장하다."라며 연신 추켜세우신다. 정말 대학원 졸업이라도 했더라면 얼마나 좋아하셨을까 송구스럽기까지 하다. 이렇듯 작은 오빠네 가족과 함께 하는 신앙은 큰 힘이 되었다.

무릇 종교란 자신이 현실과 잘 타협하며 맞서지 않고 스스로 다가가는 지혜를 깨닫기 위한 길이라 생각한다. 일요일 낮 미사를 마치고 5km 거리를 천천히 걸으며 비로소 나를 돌아보는 소중한 시간을 맞이한다. 파란 하늘 위 양떼구름도 올려다보며 한없이 행복해진다. 인생의 황혼기를 맞는 모든 일들의 마무리를 위하여 서두르지 말자. 욕심내지 말자. 나누며 살자. 좋은 이웃과 친구를 위하여 선한 마음으로 위하며 살아가자. 나에게 되뇌고 또 되뇐다. 꼭 그렇게 살아야 한다고….

어느덧 경찰청을 지나 애막골 새벽시장 앞에 다다랐다. 그 시간에도 좌판대에서 비지땀을 흘리며 직접 기른 채소와 과일을 파는 노인들이 계신다. 젊은 시절 나도 저렇게 치열하게 살았었다. 남편의 사업 뒷바라지에 남은 부채를 떠안고 수없이 끙끙 앓았던 적이 얼마나 많았나.

들고 가기에 무겁지 않은 푸성귀 한 다발을 사서 다시 내리막길을 걷는다. 그래. 걸어다닐 수 있고 읽고 쓸 수 있으니 이보다 감사한 일이 어디 있을까. 내 인생의 남은 삶이 얼마일지 누구도 모르는 일이니 후회로 남지 않게 잘 살다 가게 해달라고 기도한다. '영원히 배울 수 있고 배우는 동안은 늙지 않는다'고 하듯 그저 본능적인 생각과 행동으로 살기보다는 성찰과 사색을 통해 항상 깨어

있는 삶을 가지라는 지혜의 말씀들을 기억하며 기죽지 말아야지. 노래 잘하는 새, 노래 못하는 새도 저마다 독특한 개성이 있다고 했다.

내겐 마흔이 훌쩍 넘은 아들이 하나 있다. 아들이란 곁에 있으니 든든하고 좋다. 세상살이 이쯤 되니 기죽을 게 없지만 언젠간, 언젠가는 곧 좋은 배필이 있으리라 믿으며 성가시게 걱정하거나 잔소리하지 않으련다. 현명한 아이이니 알아서 잘 살아낼 거야. 걸으며 기도하는 사이 꽃집 앞에서 발길이 머문다. 긴 장마와 불볕더위에 축 늘어진 꽃잎들을 보며 정신이 번쩍. 흐르는 땀을 닦으며 앞치마 갈아입고 꿀맛 같은 휴식에 취한다. 오늘도 감사한 휴일. 멀리서 재재거리는 새들의 아름다운 성가 소리에 귀기울여 오늘 하루가 의미 있고 즐겁다.

문득, 어느 詩人의 글이 생각난다. "한 알의 모래 속에서 세계를 보고 / 한 송이 들꽃 속에서 / 천국을 본다 / --(중략)-- 손바닥 안에 무한을 거머쥐고 / 찰나 속에서 / 영혼을 붙잡는다."
'한 알의 모래와 한 송이 들꽃에서 이 세상과 천국을 보라'는 메시지가 가슴을 파고든다. 순수를 꿈꾸며 맑은 영혼을 위해 곁에 있는 아들과 딸, 사위, 손녀들에게 내 정성을 다하리라.

마침, 여름방학을 해서 좋아하는 큰 손주. 여중 1학년 처음 맞이하는 방학인데 전부 A 가득한 성적표와 학업 우수상을 받아왔다. 평소에 진중하여 누가 칭찬해주는 것도 극도로 어색해하는 아이. 말없이 묵묵히 제 자리를 지킬 줄 아는 현명함이 있어 장차 어떤 여성으로 클지 지켜보고 싶은 아이다. 둘째 손주는 두 눈에 꿀물이 뚝뚝 떨어질 정도로 귀여움 그 자체다. 가만히 앉아있다가도 불쑥 돛단배 입으로 자지러지게 웃으면서 바라보는 눈도 귀엽고 매일 똑같은 잠옷과 애착베개를 껴안고 잠들어 있는 모습도 사랑스럽다.

  내일은 밭에 나가 매끈하게 자란 가지를 따다가 중국식 가지요리를 해먹여야겠다. 굴소스 넣고 두반장과 맛술, 향신료를 넣어 이국적인 맛을 내보자. 좋은 엄마, 좋은 할머니는 그냥 얻어지는 추억과 기억이 아니다. 물론, 손주는 귀엽고 예쁘기만 하지만 그 아이들이 어떤 요리를 좋아하는지 눈여겨보는 것도 중요하다. 방학동안 함께 공감해주며, 책 읽기, 글쓰기를 하며 문예창작을 도와주는 것에 의미를 부여해 보기로 마음먹었다.

  하루가 끝나고 잠자리에 드는 밤, 나의 저녁 기도는 라틴어 세 문장을 필사하며 끝맺음한다.

    "메멘토 모리(Memento mori) - 자신의 죽음을 기억하라.
    아모르 파티(Amor fati) - 너의 운명을 사랑하라.
    까르페 디엠(Carpe diem) - 지금 이 순간에 충실하라."

  나 모든 역경을 이겨내고 지금 여기까지 왔으니, 더 이상 욕심 부리지 않고 내 운명을 사랑하고 오늘에 감사하며 기도하는 할미가 되리라.

꽃대궐 속의 여인

벌써 20년 전 일이다.

남편이 경기도 본가에서 세 번째 사업 실패로 가산을 정리할 무렵, 무게감 있는 아들 기웅이 해군 OCS 장교로 임관되어 강원도 동해시 제1함대사령부로 사령장을 받던 날. 우리 가족은 환희의 눈물을 펑펑 쏟았다. 그리고 이듬해 봄, 딸아이 기숙이가 강원도 춘천으로 첫 발령을 받았다는 소식에 또 얼마나 기쁨의 눈물을 흘렸던가.

신이 주신 축복의 땅. 이렇게 해서 우리 가족은 강원도와 각별한 인연을 맺었다. 신발끈을 다시 조이고 춘천으로 전입하여 일어선 원예사업이 올해로 20년. 남편이 병고로 떠난 지 9년. 제2인생 이모작을 위해 한 약속을 지키기 위해 아들과 함께 앞만 보고 달려왔다.

파도처럼 한고비를 넘기면 또 다른 고비를 맞는 게 세상사인 것을…. 내 인생도 이젠 마음을 내려놓고 살다 보니 슬플 것도 기쁠

것도 없는 평정심을 갖는 칠순의 나이가 되었다.
　8년 전 봄날, '이제 나를 찾아 떠나 보자'며 찾아간 그곳이 춘천 남부노인복지관 문예창작반이었다. 그 첫 만남의 순간. 지금도 가슴 떨리는 순간이었다. 문학에의 입문과 문우들과의 교우관계로 다시 일어설 수 있는 원동력이 된 지난 8년간의 문학의 시간들이 감사하고 행복하다. 그리고, 그 은혜에 보답할 것이다.

　어느 시인이 말했듯 "내가 그의 이름을 불러주었을 때 그가 내게로 와 꽃이 되어 주었다." 나이가 무거워 걷기 힘들 때까지 나는 꽃과 함께, 문학과 함께 살 것이다. 내 죽어 묘비명 하나 세운다면, "난형! 꽃으로 다시 태어나라."가 될 것이다. 남은 소망처럼 그렇게 살다 갈 것이다.
　꽤 오랜 시간 참고 견딘 사이 내 꽃집의 꽃들은 나의 형제였고, 친구였고, 어머니였다. 어느 하루도 눈부시지 않은 날이 없었다. 손주들과 아들딸, 사위의 아침밥을 챙겨주는 이 충만한 에너지가 남아 있어 지금까지 내 삶이 따뜻하고 즐거웠다.

　자고 나면 마른잎 바스락거리는 소리에 놀라 꽃들과 교감하며 사스락거리며 반갑게 맞아주는 꽃잎들과 속삭이면 그들은 달달한 바닐라 향기로 답해 준다. 이 늙은 육신이 아플 새가 없다. 아직은 두 다리가 성하고 무릎이 아프지 않은 것은, 저기 하늘가에 계신 어머니 아버지께서 막내딸을 지극히 위하고 축복해주시기 때문이다. 그저 감사할 따름이다.
　귓가에 맴도는 내 사랑하는 가족들의 파이팅 시그널이 힘이 되는, 일복이 많은 나는 '꽃대궐 속의 여인'이다.

스위첸 할머니

월화수목금토일.

어느덧 일주일이 후다닥 빨리도 지나간다. 십여 년 전, 이곳 춘천 동쪽으로 옮겨서 터를 잡고 꽃집을 하고 있을 즈음 은발파마머리에 지팡이를 짚고 오신 할머니께서 이꽃 저꽃 눈여겨보시며 혼자 꽃들과 도란도란 얘기를 나누신다.

"너의 이름은 '서향동백'이구나. 향기가 은은하게 풍기는구나. 참, 예쁘다."

이른 봄 삼월에 화사한 연분홍 작약꽃처럼 겹겹이 탐스러운 꽃잎 달고 특별한 미색을 자랑하는 서향동백을 보고 감탄하신다. 그렇게 시간만 있으면 산책을 나오셨다가 꽃집에 들러 이런저런 세상 사는 얘기도 하고 꽃향기 나누며 우리는 친구처럼 부모처럼 지낸 세월이 꽤 길게 이어졌는데….

시간이 흘러 2년 전 겨울부터 갑자기 뜸해지신 할머니. '겨울이라 나오시기 힘드신 것이겠지?' 건강하시길 기도하며 지난 해 봄을 맞이했을 때 할머니께서 전화를 하셨다.

"사장님. 안녕하시지요? 스위첸 할머니예요. 제가 인사도 없이 제법 멀리 이사를 왔어요. 이사하고 이런저런 사정으로 지금에서야 연락을 하게 되었어요."

아들 내외의 근무지가 바뀌어서 직장을 따라 다른 지역으로 이사를 갔고, 손자손녀도 대학에 입학하면서 공부하러 모두 외지로 떠나보낸 후 혼자 작은 집으로 옮겨서 생활을 하고 있다고 하신다. 여든이 훌쩍 넘으셨어도 건강하셔서 주말이면 교회도 열심히 나가시고 성경책 필사도 꾸준하게 하면서 소일한다고 하신다.

전에 살던 넓은 집에서는 화초를 가꾸는 것이 취미였는데, 작은 집으로 옮기면서 애지중지 키우던 화초를 이웃들에게 모두 나눠주고 온 후 밤새 눈물을 쏟으셨다는 어르신. 햇빛 잘 들던 집에서 자식처럼 아끼던 꽃과 나무들이었을텐데 이사한 집은 햇빛도 잘 들지 않고 공간도 부족하다보니 식물들에게도 못할 일이다 싶어서 나눠주신 듯 했다.

얼마나 적적하셨으면 지팡이를 짚고 시내버스를 기다려서 갈아타고 한시간 반을 둘러둘러 오셨을까. 나의 친정어머니를 보는 것 같다. 노인들의 삶 속에 나도 함께 공감하는 무엇인가가 있다. 사람이 혼자 된다는 것이 얼마나 외롭고 슬픈 일인가. 아무리 신앙의 힘으로 이겨낸다고 해도 곁에 사랑하는 가족이 없으면 노인은 늘 외롭고 불안하다. 한참을 그 어르신을 생각하며 나의 삶을 되돌아본다.

힘겹게 일을 하며 산다는 것은 필시 건강과 정신을 함께 붙들고 살아내야 한다는 강한 노력과 마음가짐이 필요하다. 한줌한줌 흙을 만지며 푸르름과 향기로움, 생명력을 보며 지치지 않는 맑은 영혼으로 살게 뮤즈의 여신에게 마음 다하여 빌어본다.

늦은 나이에 글을 쓴다는 것, 영화처럼 또는 강물처럼 삶을 따뜻하게 베풀며 이웃과 함께 나누며 혼신을 다해 살아낸다. 건강이 허락하여 몇 년을 더 일할 수 있을지 모르지만 사랑하는 가족이 있어서 다행스럽다.

매일 새벽 잠에서 깨면 마리아 성모님과 반가운 인사를 나누고 오늘 할 일을 위해 기도한다. 그리고, 가족을 위해 아침밥상을 차린다. 어제 뒷밭에서 캐온 여리여리한 쑥으로 마른 새우와 다시마를 넣고 국물을 우리고 쌀뜨물과 미소된장, 팽이버섯에 화룡점정 쑥을 넣어 끓인 쑥국 한그릇. 뜨거운 김과 함께 퍼지는 향기부터 온몸이 봄기운으로 생기를 찾는다. 아침밥은 보약이다. 여중생 2학년이 된 큰 손녀와 초등학교 5학년이 된 작은 손녀를 아침밥 먹여 보낸다.

주말부부인 사위는 어제 일요일 오후에는 가방을 챙겨 회사로 떠났다. 가족에게 늘 다정다감한 일등 사위에게 어제 이 맛있는 쑥국을 먹여보내지 못한 것이 내심 마음에 걸린다. 이번 주말에 오면 쑥과 달래 넣어서 한 그릇 가득 뜨끈하게 끓여줘야겠다.

딸아이도 월요일 이른 아침부터 바빠지기 시작한다. 아침밥 반공기와 쑥국으로 후루룩 게눈 감추듯 먹고 출근한다. 우리 아들과 함께 단 둘이 앉아 따뜻한 밥상을 마주하며 이것이 행복이다. 지금 이순간을 즐기자꾸나. 외로울 새도 없이 정신없이 살다보니 카르페디엠, 어질어질 바쁜 삶의 속도감 때문에 지칠 때도 있다.

내 삶은 지금 어디까지 온 걸까? 또 다시 스위첸 할머니 생각이 난다. 사가신 서향동백은 몇 송이나 피었을까? 햇빛 없이 좁은 골방에서도 잘 자라주어 꽃도 피고 향기도 할머니께 내어드리렴.

그 향기와 고운 자태를 보며 삶의 희망을 본다며 기뻐하신 할머니.

동백이와 함께 잘 지내고 계신지 오늘은 전화라도 한통 해드려야겠다.

나, 야생화의 겨울나기

 이십 여 년 전, 춘천으로 이사 온 그해 겨울은 혹독하게 추웠다. 거리에 사람들은 두꺼운 방한복에 털모자를 쓰고 골목에 쌓인 눈을 치우느라 넉가래와 빗자루를 들고 삼삼오오 합심하는 풍경을 보며 '아! 여기가 추운 강원도가 맞구나.'라는 생각과 함께 추위를 많이 타는 나는 벌써부터 겁이 났다.

 어떻게 적응하고 살지?
 이곳에서 다시 시작하는 나의 인생 이모작. 그 꿈을 그려보면서 자전거를 타고 춘천 시내를 돌고 돌며 몇 날 며칠을 고민에 쌓였다. 잃어버린 젊은 날의 꿈은 갔어도 노년에 우아하게 즐기며 살 수는 없을까.

 문득 꽃에 대한 애잔한 그리움이 뭉게구름 되어 고향 생각에 젖게 한다. "내가 그의 이름을 불러주었을 때 그는 나에게로 와서 꽃이 되었다." 그래. 맞아!!

인간과 꽃이 함께 꿈꾸는 세상을 가꾸어보자. 마음에 결심을 굳히고 지금은 곁에 없는 그이와 나는 운동화끈을 고쳐 매고 다시 뛰기 시작했나.

화훼 자격증 공부를 하면서 소양2교를 지나 시내를 분주하게 오고 가는 두 바퀴 자전거처럼 열심히 공부했다.

꽃에 대한 공부는 생각보다 무궁무진했고 힘들었다. 그러나, 꽃이 주는 향기와 부드러운 촉감, 각기 다른 색상과 개성 넘치는 자태를 보면서 마음의 안정을 찾게 되었다. 잃어버린 모든 것에 대한 회한을 씻고 오직 내일을 향해 도전하자.

세월은 흘러 어언 이십 년. 우아하게 살아보자고 시작한 꽃집은 알고 보니 중노동이었다. 눈 뜨면 자식 같은 녀석들 때문에 발목이 잡힌다. 잠시도 앉아서 쉴 틈을 주지 않는다. 주인의 발자국 소리를 듣고 자라는 농작물처럼 예쁜 꽃과 나무들도 나의 눈빛 한 줄기, 들숨 한 자락, 나의 손짓 한번에 더욱 반짝이고 향긋해진다.

한 해 두 해 세월은 흘러 나도 나이를 먹는다. 손톱 사이사이로 풀물이 스며든다. 따가운 여름 한낮의 더위에 텃밭의 옥수수염이 하늘하늘 여름을 빛나게 하고 싱그러운 유월 끝자락에 야생화 같은 나의 구릿빛 피부는 더욱 까매진다.

이제는 흙으로 돌아가는 법을 익히며 구슬땀을 흘리며 사는 보람과 함께 내 손이, 육신이 보배라고 되뇐다. 몸에 대한 염려가 느껴질 때면 길게 허리를 펴고 하늘도 올려보고 심호흡을 하며 詩 한 줄을 외우며 스스로를 다독인다.

시원한 냉수 한 잔을 마시며 텃밭 고랑 사이를 거닐다보면 푸른 에너지가 생긴다. 반짝반짝 상추 잎에 윤기가 나고, 상큼한 풋고추가 보기만 해도 입맛을 다시게 한다. 해질녘 저녁노을은 왜 이리 아름다운 것인가? 고단한 하루를 마무리하고 아들과 집으로 향하는 길은 뿌듯하고 행복하다.

봄내 새벽안개에 젖어

 초겨울, 새벽에 일어나 커튼을 젖힌다. 창밖은 푸른 빛이 감도는 회색 안개로 희뿌옇다. 이십여 년간 춘천에서의 일상이 새벽안개처럼 흩어지는 삶의 연속이다.

 봄 여름 가을날- 혼자 차를 몰고 소양호수를 따라 달리는 풍광이 그렇게 좋을 수가 없었다. 처음 몇 년간은 이곳의 겨울이 추워 고생했지만 이제는 몸소 터득한 체험으로 이겨내는 방법을 알고 있다.

 꽃가게를 하며 부지런히 일하는 와중에 조그맣게 농사도 지어 가을에 저장해두는 법을 익혔다. 무, 배추는 신문지로 꽁꽁 싸서 봄까지 먹을 수 있고, 고구마도 너무 춥지 않은 곳에 보관하니 연탄난로 위 솥에서 구수한 향기를 더하니 겨울 간식으로는 으뜸가는 먹거리이다. 옥수수도 늦여름에 하나둘 따서 냉동실에 차곡차곡 쟁여뒀다가 겨우내 곶감 빼먹듯 꺼내어 추운 겨울에도 꽃집에 놀러오는 손님들과 차 한 잔의 여유를 즐긴다.

오늘은 모처럼 비닐온실 안 햇살 바른 곳에 자리 잡고 앉아서 꽃과 푸른 잎들 사이를 나비처럼 날아다니는 詩語들을 찾기에 바쁘다. 팔랑팔랑 라디오 음악이 향기처럼 귓전을 간질이는 오후, 겨울의 낭만에 빠져 졸음에 겨운 노년의 아낙이 꾸벅꾸벅 졸고 있다.

예순이 넘어서야 비로소 겨울이 시려운 춘천의 삶은 추워야 제 맛인 것을 알았다. 소한의 얼음이 대한에 녹는다더니, 대한이 지났으니 봄도 머지않을까 보다.
저 남녘의 계집아이가 세상에 태어나 북녘에 와서 산전수전 다 겪고 보니 살갗도 두꺼워지고, 수줍음도 사라지고 감정선이 메말랐는지 눈물도 흐르지 않는다. 그러나, 하늘의 축복인 듯 문학과 좋은 스승을 만나 꽃밭을 가꾸면서 선배 문인들과 글을 쓰고 있는 봄내의 삶에 감사하며 하루 또 하루를 고맙게 보내고 있다.

지나간 것은 모두 아름다운 법….
이제는 더 이상 종종거리며 살지 않으리라. 조금은 천천히 느리게, 더 채우려고 애쓰지 않으려 한다. 그저, 새벽에 내리는 안개처럼 젖은 세월을 여백으로 남겨둔 채, 마음 편하고 자유롭게 그리고 작은 것도 이웃과 더불어 함께 나누는 아름다운 실버의 삶을 살리라 다짐한다.

3부
길 위의 풍경

첫 문학기행, '강원도 고성을 찍다'

2022.10.18. 화요일.

일년 전 코로나 상황 중 비대면 수업 종강을 앞두고 문창반 봄 내실버문학회 문학기행 첫번째 시작점을 위하여 매월 만원의 적금이 드디어 완성되어 오늘 오전 7시 남부복지관 앞에 1호차, 2호차, 3호차가 줄지어 출행을 했다.

청명한 가을날씨에 약간 쌀쌀했지만 최고의 기상조건에 안도하며 김밥 준비로 새벽 4시반 기상했건만 시간이 벌써 여섯시가 넘어 부랴부랴 짐보따리를 싸서 복지관 앞으로 달렸다. 1호차 연선생님, 2호차 홍선생님, 3호차 안선생님 모두 늦지 않게 일사분란하게 움직여주어 회원 열두분 간단히 아침식사로 김밥을 먹고 안전벨트 점검 후 출발!

야호! 꿈에도 그린 강원도 고성을 향하여 우린 달린다. 시작점이 좋은 날씨에 감사하며 차 안에서 즐거운 가을 문학기행의 짜릿함을 즐긴다.

얼마만의 자유인가! 문학이 좋아 한결같이 6년 세월을 복지관을 향했고, 열심히 배워 시인이 되고 수필가가 되어 동인들과 함께 떠나는 가을여행... 소녀적 향수에 흠뻑 젖게 한다. 노후에는 문학과 함께 꽃길만 걸어가자.

〈어느 나무 카페〉에서 따뜻한 차 한 잔을 마주하며 열두 분의 문학청년들 모여 담소하며 사진도 찍었다. 말로만 듣던 진부령 고갯길을 향해 석 대의 차량들은 잘 달리고 있었다. 향로봉을 배경으로 단체사진을 찍으며 옛 추억에 젖는다.
솔향 가득한 화진포. 쪽빛 동해안 최대의 자연호수. 김일성 별장과 이승만 별장을 두루 거치면서 아름다운 석호 주변의 금강송을 보며 환호성을 연발한다.

점심메뉴는 〈무진장횟집〉에서 우럭, 광어, 세꼬시, 멍게 모둠회에 수제비 매운탕으로 막걸리 한 잔 채워 건배사를 한 후 푸짐하고 맛있게 점심을 먹었다. 송지호 전망대를 향해 달리는 우리는 왜 이리 기분이 좋을까.
눈앞에 능파대, 이름도 특이한 곰보바위, 기암괴석 돌 틈 사이로 보라색 해국이 얼굴을 내밀며 춘천의 길손들을 반갑게 맞아준다. 바위 위에서 만세를 외치며 두 팔 벌려 포즈를 취하니 이 교수님이 사진을 찍어주신다. 원거리 당일 일정이라 갈 길이 바쁘기만 하다.

청간정, 천학정 대나무 밭 사이로 널린 맥문동 꽃길을 지나 이승만 대통령이 썼다는 현판을 보니 후세에 이름을 남기는 글 한줄이 참으로 위대해 보인다.

시간이 오후 네 시를 지나고 있었다. 백두대간 최고의 구간 「한계령」을 향해 국도로 이동했다. 백두대간 설악산 능선 해발 1,004m 한계령 표주석. 오색단풍이 물들고 있는 산길을 환호하며 찍고 또 찍었다.

해는 뉘엿뉘엿 서산에 기울고 산골의 저녁은 어슴푸레 땅거미져 하얀 연기 모락모락 피어나는 한가로운 시골 풍경 속에 우리는 지금 행복한 가을여행을 즐기고 있다. 이제 여행의 마무리다. 동내면 〈대룡산막국수〉집에서 녹두전과 막국수로 청파 이교수님께서 우리 문인들에게 저녁대접을 해주신다.

오늘 남은 경비로 양양장터에서 사 온 건어물 보따리 하나씩 드리면서 무사히 귀가해주신 문우님들께, 교수님께 감사드린다.

화천 탐방

2020년 10월 첫 번째 토요일.

아침밥을 먹으면서 묵직하게 아들이 말한다.

"어머니. 주말 아침인데 드라이브 갈까요? 화천 거례리에 오래된 사랑나무 구경시켜 드릴게요."한다. 마침, 친환경 전기봉고트럭 국가보조금 승인이 되어 할부로 새차를 출고한지 넉달이 되어가고 있어 무료충전 후 시승 겸해서 기분 좋게 달려보기로 했다. 코로나19로 장시간 피로가 쌓이고 우울하던 차에 소음도, 매연도 없는 깨끗한 차 안에서 조용한 음악을 들으며 우리는 달렸다.

갑자기 15년 전 춘천에 입성할 때 추억이 새록새록 생각났다.

딸아이 첫 직장 발령 받고 이불보따리 챙겨서 달리는 차창 밖 경춘가도와 북한강 맑은 물빛을 보며 환호했던 기억, 의암호 아침 물안개에 매료되었던 기억, 닭갈비 막국수 맛에 빠져버렸던 기억. 그 맛에 반해서 춘천을 제2의 고향으로 섬기며 정붙이고 살게 된 지 어언 15년 세월이 흘러갔다.

그 후, 5년 전 남편을, 아빠를 졸지에 여의고 슬픔, 외로움을 속으로 삭이며 묵묵히 식물을 자식처럼 친구처럼 키우며 딸 내외의 극진한 사랑과 손주의 재롱을 보며 차츰 안정을 찾았다.
한편, 소녀적 감성으로 문학공부에 몰입하여 드디어 시인이 되어, 봄내와 어울리는 늦깎이 문인이 되었다.

외지인인 내가 보기에 소양강을 끼고 북한강으로 흐르는 맑은 강물을 바라보며 살아온 영서인들은 비교적 조용하고 평화로웠다. 오래 사귄 친구처럼 그렇게 정이 들었고, 꽃집의 단골 손님들이 이웃사촌처럼 편해졌다.

어느새 잘 닦아놓은 새 도로 위를 봉돌이가 붕붕 신나게 달린다.
북한강 산허리에 가을이 빨갛게 물든 아름다운 화천 초입에 붉은 페인트 글씨로 38선표지석을 보고 가슴이 철렁했다. 춘천이 불과 한시간 남짓거리에 북한과 마주하고 있는 현실이 아픔으로 다가온다.
화천! 감성마을답게 정리가 잘 되어 있었고 평화로운 거례리의 가을풍경과 닮아있었다. 우람한 사랑느티나무, 그 옆에 꽃무릇, 사계패랭이 친구 되어 아기자기 꽃잎 떨구며 얘기를 나누고 있었다.

아들과 함께 일하면서 즐겁게 생활하려고 노력하지만 가족여행에서 자주 자리를 비울 수 없어 함께 하지 못하는 때엔 늘 미안했다. 분명 귀중한 시간임을 인지한 아들이 틈틈이 엄마와의 짧은 데이트를 신청한 셈이다.
춘천의 못가본 길, 강원도의 가보고 싶은 길을 차례대로 구경시

켜준다는 무언의 약속시간. 행복한 가을나들이였다. 물 맑고 시원한 이곳 춘천. 겨울이 좀 춥긴 해도 호반의 도시.

　사람이 먼저인 세상에서 자연과 함께 누리며 사는 것. 코로나가 끝나는 날. 동시에 아들 장가 가는 날이 되었으면….
　이것이 나의 버킷리스트 1호다.

허균, 그리고 이달의 발자국

〈강원수필문학회 원주기행〉 이라고 쓴 빨간색 리무진버스가 우리소아과 앞에서 일행 문인 다섯 분과 함께 차에 올랐다. 첫 인상이 아주 당찬 G 회장님이 차 문 앞에서 우리 일행을 반갑게 맞아주었다.

입회한지 얼마 안 되어 서먹하고 어색했지만 스승과 제자, 선후배 문인 사이에 함께 배석하여 가보는 자리라 기분이 상큼했다. 코로나 상황이 끝나고 3년 만에 P선생님과 함께 하는 문학기행이 더욱 뜻깊다. 장구한 세월이 흘러 일흔을 지나 강원도 사람되어 문학기행을 즐긴다는 것이 혼미하고 근사하다.

세 번째 가보는 〈박경리 문학관〉에서 느끼는 작가의 체취를 온몸으로 느껴보는 시간이다. 소박한 모습, 책과 호미, 돋보기 안경 너머 빛바랜 원고지, 내실, 서재 구경을 하며 혼자 저 멀리 통영 바닷가를 노닐고 있다.

아직 강원도를 잘 모르는 나에게 조금씩 알아가는 재미가 곧, 문학기행 임을 체감하는 중이다.

다음 코스가 오늘의 하이라이트. 원주 부론면 손곡마을 〈이달과 허균〉에 대한 역사를 듣는다. 원주시 부론면 손곡저수지 위 허균에게 보낸 스승 이달의 詩를 보며 감회에 젖는다.

난설헌의 동생 허균은 양천 許公 5문장가 집안이다.

어린 시절 우리 가문 친정 오빠들과 아버지를 따라 강릉 초당동 생가를 둘러보고, 난설헌 묘소와 초당동 두부요리를 맛있게 먹기도 했었다. 국민학교(지금의 초등학교) 때 전라남도 장성의 〈홍길동전〉 축제에도 가 본 적이 있다.

허균의 스승 이달李達을 주인공으로 한 〈손곡산인전蓀谷山人傳〉은 한문소설이다. 허균을 가르쳐준 스승 이달은 서자 출신이었고 그와 함께 공부했던 많은 재주 있는 친구들이 적자가 아닌 서자로 태어나 과거도 볼 수 없는 신분차별을 목격하면서 사회 모순을 피부로 느꼈다.

허균은 임진왜란 중인 1594년 선조 27년 문과에 급제하고 1597년 다시 중시 문과에 급제하며 공주목사를 시작으로 예조참의, 형조참의 등 핵심관직을 두루 거쳤다. 그러나, 그는 조선의 신분제도는 반드시 개정되어야 할 핵심모순이라고 생각했다. 그리하여 관직에 진출하여 살면서도 신분 때문에 관직에 오르지 못한 친구들을 위로하고 그런 처지에 있는 친구들과 자주 어울려 살았는데, 그로 인해 당시 주류사회에서 오히려 사상적 위험인물로 낙인찍히는 결과를 초래하여 수많은 감시를 받으며 살았다.[1]

---

1) 위키백과

허균은 뛰어난 문장력으로 누구나 읽을 수 있도록 한글로 소설을 썼다. 자신이 꿈꾸는 이상세계. 누구나 능력 있는 사람이 인정받을 수 있는 사회가 되길 바라는 뜻에서 〈홍길동전〉을 세상에 내어 놓았다.

 허균. 모순된 세상에서 사회개혁을 꿈꾸다 사상적 위험인물로 낙인 찍혀 무고로 비참하게 맞이한 마흔 아홉살, 젊은 文靑을 다시 생각한다. 하지만 500년이 지난 지금, 그의 사상은 시대를 앞서간 선구자로 재인식되고 새로운 평가를 받고 있다.

 강원수필문학회 원주기행에서 허균을 만난 것은, 나에게 또는 선후배 문인들에게 많은 견문이 되었다. 스승 이달이 보낸 석각 앞에서 문인들이 모두 모여 함께 사진을 찍으며 아직은 많이 부족한 〈문인의 길〉 앞에서 친정아버지에 대한 그리움, 오빠들의 기대와 응원의 메시지가 아닌가 싶다.

 여행을 마치고 돌아오는 버스에서 쑥떡쑥떡 맛있는 쑥떡얘기로 즐거운 시간, 의미 있는 하루, 원주문학기행길 선후배 문인들과의 만남이 행복하고 유익한 시간이었다.

유자청 담그던 날

　음력 시월이면 종가집엔 시제를 모시느라 열흘 전부터 바빴다.

　시집간 언니들은 친정에 와서 어머니랑 음식 준비와 아버지 명주 도포 두루마기와 솜옷 준비에 밤을 새워 재봉틀을 돌리시던 모습이 타임머신을 타고 유년의 흥겨운 여행을 떠난다. 아버지의 옥색 도포 소매자락에는 밤, 대추, 은행, 유자가 한아름 들려있었다.

　남해안의 유자향은 봄이 올 때까지 향기를 내뿜었다. 그것은 아버지의 향기였고, 낙엽 같은 구수한 어머니의 치마꼬리와 불맛은 지금도 내 머릿속에 하트 무늬처럼 박혀있다.

　따스한 겨울 햇살 사이로 그립고 그리운 모습들이 환한 미소 속에 아롱지는 오후. 냉장고 속에 유자청을 담궈놓고 올해 겨울도 입 안 가득 유자향을 머금고 행복한 꿈을 꾼다.

비자나무가 되고 싶어

 일흔이 되자 마음속을 떠도는 울림이 있다. 맑아져라. 고와져라! 매일 아침 만나는 온실의 꽃나무들이 자기들처럼 맑고 고와지라고 주인에게 건네는 침묵의 소리다. 그러고 보니 꽃과 생활한 지 스무 해가 되었다.
 돌아보니 그 오랜 시간, 하루도 편안한 날이 없었다. 사람이 공기가 필요하듯 꽃들도 산소를 마셔야 했다. 아침 일찍 온실 문을 열어 환기를 시키고 화분들을 내어놓고 들여놓고, 수백 수천 꽃나무들을 마치 자식처럼 어루만지고 쓰다듬느라 피곤한 줄 몰랐다. 이런 늙은 어미가 안쓰러워 보였는지 며칠 전, 딸에게서 연락이 왔다.
 "엄마! 너무 일만 하면 늙는답니다. 겨울이 오기 전 우리 여행 가요."
 딸 내외의 성화에 등 떠밀려 그렇게 2박 3일 탐라 여행길에 나섰다. 제주공항에 도착했을 때. 날씨는 초가을처럼 시원했다. 거리에 야자나무와 귤나무에 노란 열매들이 주렁주렁 매달려 있다.

북녘 강원도 춘천은 어느새 겨울 초입인데 이곳은 아직 늦가을 풍경이라. 먼저 도착해있던 사위가 렌트카를 타고 마중 나와 반갑게 맞는다.

"자! 타십시오. 어머니. 2박 3일 제주여행 가이드를 완벽하게 책임지겠습니다."

여행 첫 코스는 감귤농장체험이다. 5만원을 내면 바구니 두 개에 귤을 가득 담아갈 수 있고, 사진 찍으며 마음껏 따먹을 수 있었다. 싱싱한 귤의 향기가 입 안에서 팡팡 터진다. 여기저기 뛰어다니며 귤나무 너머로 깔깔대는 손녀들의 웃음소리도 귤향처럼 청량하게 퍼진다. 입과 손이 노랗게 귤물이 들 만큼 정말 재미있는 시간을 보냈다. 그래. 바로 이 시간을 위해 휴가를 오는 것이겠지. 현대인으로 살아가려면 아이 어른 모두 얼마나 많은 스트레스가 쌓였겠는가. 자연 속에서 맑은 공기 마시며 즐기는 하루가 커다란 위로가 된다.

두 번째 코스는 제주 오설록 티 뮤지엄 녹차밭이다. 하얀 녹차꽃 사이로 은은한 향기가 묻어나는 푸른 찻잎과 은발 가지런한 억새풀이 함께 어우러진 풍경이 가을을 한층 돋보이게 한다.

어느덧 서산에 해가 저물 즈음 숙소로 가는 길에 제주 바다 수평선이 황금빛으로 반짝이며 물들어가는 장관을 눈에 담는다. 어린 두 손녀의 손을 잡고 해변을 걸으며 생각에 잠긴다. 먼 훗날, 이 아이들이 외할머니와의 이 순간을 어떻게 기억할까….

까실까실 풀 먹인 옥양목 이불커버에서 옛 추억을 느끼는 탐라의 밤. 사르륵 사르륵 깊은 잠에 빠진다. 밤새 푸른 바다와 하늘이 맞닿은 제주를 유영하는 꿈을 꿨다. 제주 바다의 돌고래 마냥, 하늘의 갈매기 마냥 자유롭게 헤엄치고 날아가는 그런 여행을 하며 기분 좋게 눈을 떴다.

신선한 아침이다. 일하지 않아도 맛난 음식이 즐비하다. 배고프면 먹고 쉬고 싶으면 쉴 수 있는 이 자유는 그냥 누리고 싶다고 되는 것은 아니리라. 그만큼 노력하며 열심히 살아왔기에 누릴 수 있는 쉼표 같은 휴식이 아니겠는가.

성산 일출봉을 들렀다가 오는 길에 800년 된 비자나무 울창한 비자림으로 향한다. 그곳에서 황금 같은 휴식을 취하며 잠시 나를 되돌아본다. 혼자 된 삶이 결코 쉽지는 않았지. 텅 빈 고독을 잊으려고 꽃나무들에게 더 많은 애정의 손길을 보냈고, 노년의 글쓰기로 문우들과 즐거운 시간들을 보내려 하고 있다. 이만하면 행복한 신중년이 아닐까 나름 자위해보지만, 마음 한구석 허전함을 차마 비워낼 수가 없다.

그래, 난 지금 어디쯤 와 있는 거지…. 비자나무 숲속에서 갑자기 울고 싶어졌다. 저들은 팔백 년이란 장구한 세월 속에서 얼마나 많은 고통의 시간들을 견디며 살아왔을까. 나무는 그가 태어난 곳을 탓하지 않고 평생 묵언수행하며 홀로서기를 하는데…, 난 팔십도 못 산 나이에 아직도 헤매고 있으니 나무보다 못난 사람이다.

어느 호스피스 병동에서 근무하는 간호사가 중환자들이 인생에서 가장 후회되는 3가지를 얘기했다고 한다. 즉, 건강했을 때 감사할 줄 몰랐고, 작은 것에도 감사할 줄 몰랐으며, 건강을 잃었을 때 비로소 감사하는 마음을 가지게 되었다는 얘기를 떠올리며 이제는 후회하지 않는 바보가 되겠노라 다짐한다.

이 나이에 아직은 내가 건강한 몸으로 걷고 일할 수 있는 것에 그저 감사하며, 비자나무 그늘 아래서 '새'가 되려한 생각을 버린다. 저 비자나무처럼 맑고 인내하는 나무가 되고 싶다. 길 위의 '고독한 현자'가 되고 싶다.

바람의 언덕 태백을 가다

  태백은 설레임이 많은 도시다.
  한반도의 등줄기를 남북으로 가로질러 부산까지 이어지는 진산.
  드디어 1박2일의 「강원수필문학기행」 태백산 천제단을 가보는 행운의 버스에 올라탔다.
  인상 깊은 산소도시 태백. 해발 1,000m가 넘는 고지대를 육중한 리무진버스는 산으로 산으로 잘도 오른다. 마침 날씨도 좋고 오랜만에 대선배 문인들과 격의 없이 터놓고 즐길 수 있는 기회여서 더욱 마음이 들떠있다.

  오늘은 우리가 세상에 태어나서 처음으로 불량소년들이 차지하는 맨 뒷자리를 수학여행 가는 학창시절의 들뜬 기분으로 「봄내실버문학」 6인방이 차지하고 앉았다. 차창 밖으로 보이는 정선카지노, 하이원리조트를 내려다 보면서 여기가 바로 한국의 블루마운틴이 아닐까 생각해본다.
  솔향 가득, 공기가 맑고 깨끗해서 목이 탁 트인다. 태백엔 이름

값처럼 가는 곳곳이 명승지다.

첫째, 천제단天際壇이 있다. 1991년 국가민속문화재로 지정되어 '천왕단天王壇'이라고도 한다.

산 정상의 천왕단을 중심으로 북쪽 뒤에는 장군단將軍壇이 있고, 남쪽 언덕 아래쪽에는 하단下壇이 있다. 천제단에서는 매년 10월 3일 개천절에 제의를 행하는데 이를 천제 또는 천왕제라고 한다.

태백산은 일찍이 신라 三山五嶽 중 北嶽으로 이를 진산이라 여겨 나라에서 제사한 기록이 「삼국사기」 제사조에 전하며, 「고려사」에도 무녀가 참여하여 제의를 행한 기록이 전하고 있듯 태백산은 이미 신라 초기부터 神山으로 여겨지며 신성한 산으로 지금까지 묵묵하게 백두대간을 잇고 있다.

천제단은 돌을 쌓아 만든 제단으로 높이 2.4m, 둘레 27.5m, 좌우너비 7.36m, 전후너비 8.26m나 되는 타원형의 거대한 석단이다. 이 제단은 우리나라에서 제일 클 뿐만 아니라 민족사의 거대한 시초 설화로 전승되며 커다란 의의를 지닌다.

오늘날도 태백산 일대를 신산으로 成巫와 수련의 도장으로 여겨지고 있다. 경내 단군할아버지의 동상 앞에 절하고, 국가의 안위를 빌었다.

그곳을 나와 석탄박물관으로 향했다. 지하자원이 풍부해 황금기를 누렸던 태백시. 특히, 석탄은 우리나라 유일한 부존에너지자원으로서 국민생활에 연료 공급과 국가기간산업의 중추적인 역할로 국가경제발전에 기여해왔으나 물질문명발달과 환경오염 문제가 대두되며 수요가 급격히 줄어들고 있어 탄광들이 속속 문을 닫는다고 한다. 아직도 석탄 매장량은 70%에 달하지만 폐광할 수밖에 없는 현실 앞에 섣불리 좋고 나쁨을 논하기가 어렵다.

박물관 내에 '탄광촌 5가지 표어'를 보며 가슴이 아린다.
- 경내에서는 휘파람을 불지 않는다.
- 흉몽을 꾸면 출근하지 않는다.
- 경내에서는 쥐를 잡지 않는다.
- 도시락 보자기는 청색, 홍색을 사용한다.
- 밥은 네 주걱을 담지 않는다.

그리고, 광부남편의 무사귀환을 바라는 가지런히 놓인 신발을 보고 있자니 마음 한구석이 먹먹해진다.
석탄 검댕이가 된 광부의 모습은 눈앞이 계속 아지랑이가 피고 울렁거려서 차마 두 눈으로 온전하게 바라보고 있기가 너무나 가슴 찡하다. 돈을 많이 벌면 뭐했을까. 가족들을 위해 자신의 몸과 마음이 망가지는 것도 모르고 그 암흑 가득한 그곳에서 일생을 바친 그들의 가슴 아픈 사연을 생각해 본다.

1박2일의 태백 여정 속에서 새로운 것을 보며 선후배 문인들 간의 우애가 더욱 돈독해졌고, 무엇보다도 이런 소중한 자리를 준비하기 위해 무던하게 노력하신 회장님을 비롯한 집행부 여러분의 노고에 감사를 드린다.

김유정, 그 실레길을 찾아

그해 봄,
딸아이 밥해주러 왔다가 춘천사람으로 산 지 16년째….
춘천에서의 첫 나들이 하는 날이었다. 김유정역, 김유정문학촌, 강촌레일바이크, 김유정 생가, 책과 인쇄박물관을 둘러보고 그곳에서 '동백꽃, 단편소설집'을 한 권 샀다.

나는 그때까지 김유정 선생에 대해서 아는 것이 그리 많지 않았음을 고백한다. 남녘 바닷가에서 자란 내게 유정의 소설 속 동백꽃이 생강나무꽃이란 것도 그때서야 알았기 때문이다. 소설 속에 나오는 질박한 사투리와 구성지게 어우러지는 이야기가 어쩜 이리도 재미가 있던지 밤새도록 키득키득 웃었던 기억 저편의 시간들.

일곱 살에 어머니 일찍 여의고 병든 몸으로 글을 쓰며 곤궁한 격동기를 살아내야 했던 젊은 문학도의 가슴 아픈 이야기들을 접하며 눈물이 마르도록 울었다.

어머니! 그 어머니가 곁에 있었으면 금쪽같은 막내아들을 일찍 보내지 않고 살려냈을 터인데 가엽고 불쌍해서 가슴이 저리도록 아팠다. 나 역시 이런 시절 육남매의 막내로 자라며 어머니의 가이없는 사랑을 느꼈기 때문인지 모른다.

시대의 격변기에 가산이 기울어 의지할 곳 없는 몸이 술과 담배로 망가진 육신을 엄마가 아니면 누가 일으켜 세우겠는가. 자식 앞에 엄마의 존재는 무쇠보다도 강하기 때문이다.

유정은 생의 마지막 순간에서도 절망하지 않았다. 시인 〈이상〉이 동반자살을 권했을 때도 응하지 않았고, 결혼해 아이를 낳아 소리꾼으로 키워보겠다는 다짐이 그의 소설 『안해』에서 은근히 그 속내를 드러내 보이고 있다.

"내가 밤에 돌아오면 년을 앞에 앉히고 소리를 가르치겠다. 우선 내가 무릎 장단을 치며 아리랑타령을 부르는구나. 아리랑 아리랑 아라리오. 춘천아 봉의산아 잘 있거라. 신연강 배 타면 하직이라.

산골의 계집이면 강원도 아리랑쯤은 곧잘 하련만 년은 그것도 못 배웠다. 그래도 하나 기특한 것은 년이 성의는 있단 말이지. 하기는 그나마도 없다면야 들병이 커녕 깨묵도 그르지만…."

김유정의 단편소설들을 읽으며 춘천에 뛰어난 문인이 있어서 얼마나 행복한지 모르겠다. 춘천이 낳은 최고의 문재文才- 유정, 나는 그의 문향이 그리워 오늘도 그의 발자취를 따라 실레길을 찾는다.

깊은 가을, 배론성지를 찾아서

지난 가을 퇴근하는 길에 화창하게 맑은 하늘을 보며 "떠나고 싶다."했더니 아들이 잠자리에 누운 내게 문자메시지를 보냈다.
"내일 아침 일찍 가을향기 맡으러 가요. 아침에 가을가을하게 입고 나오세요." 이게 무슨 일이지? 갑자기 무슨 바람인가? 얼떨떨했지만 내심 기분 좋게 잠자리에 들었다. 꿈 속에서도 가을 향기가 나는 것 같이 편안하게 잠을 잤다.
다음날 아들은 새벽 같이 꽃집 온실 아이들 물을 주고 환기창을 열어주고는 일찌감치 카메라가방을 메고 집에 왔다.
"아들. 어디를 가려고?"
"아이참, 그냥 가보시면 알아요." 뭔가 비밀스러운 것인지 모르겠지만 목적지를 말해주지 않는다.
3년 전에는 인근 춘천교대 은행나무 가로수를 배경으로 사진 찍고, 화천 거례리에 있는 사랑나무에 가서 울긋불긋 단풍과 함께 사진을 찍으며 가을 드라이브를 했던 기억이 난다. 그리고 2년 전에는 횡성 풍수원성당에서 낙엽 한아름 품에 안고 흩날리며 가을

정취를 만끽했었건만 이번에는 어디를 가려고 이렇게 함구하고 있는 걸까?

일단 아들이 운전대를 잡고 있으니 나는 어쩔 수 없이 옆자리에 앉아서 운전해서 가는대로 몸을 맡기고 있을 수밖에 없다.

아들은 네비게이션 화면을 꾹꾹 누르며 목적지를 입력했다. '반계리 은행나무' 몇 주 전부터 아들이 큰 은행나무가 있다고 말하더니 그곳을 가려는가 보구나. 내심 나도 얼마나 큰 은행나무길래 유명한 것인지 궁금하던 차였다. 목적지를 설정한 차는 천천히 원주를 향해 달렸다. 편안하게 바깥 노랗게 빨갛게 물들어가는 강원도의 산천을 보면서 그렇게 시간의 흐름을 다시 느낀다.

꽤 시간을 달려 도착한 반계리 은행나무 근처는 아직 해가 뜨지도 않은 파르라니 이른 아침인데 꽤 많은 사람들이 노란 은행나무를 보기 위해 일찍 길을 나선 모양이다. 주차장에서도 은행나무의 꼭대기가 보이긴 했는데 한걸음 한걸음 다가가면서 점점 선명해지는 웅장한 자태가 밝아오는 아침 햇살을 받아 황금빛으로 빛난다.

이렇게 큰 은행나무는 본 적이 없었기에 아이 마냥 신기하게 우러러본다. 동서남북 어디에서 찍어도 장관이다. 산들바람이 불어오면 노란 은행잎이 파란 하늘 위에서 한 잎 두 잎 팔랑이며 떨어진다. 이 모든 게 장관이구나. 이곳에 뿌리 내리고 1300번 이상의 춘하추동을 견디고, 통일신라의 폐망, 고려와 조선의 흥망성쇠를 묵묵히 목도했으며, 뼈 아픈 일제강점기와 동족상잔 한국전쟁의 상처도 수많은 나이테 속에 남겨져 있을 법하다.

오늘도 묵묵히 이 하늘 아래 우리를 내려다보고 있는 아름드리 은행나무. 과연 무슨 생각을 하며 겨울을 준비하고 있을까? 한참을 주변을 서성이며 떨어진 은행잎들을 밟으며 생각에 잠겨본다. 아들이 또 다른 곳에 가야 한다고 서두르자고 한다. 여기가 최종 목적지가 아니었던 것이다. 아들의 재촉에 종종걸음으로 서둘러 따라간다.아들은 인근 편의점에서 캔커피와 음료수 하나를 사서 내게 건네고는 네비게이션에 제천쪽 주소를 입력하더니 출발한다.

'어디를 가려는거지?' 한참을 달리는 동안 나는 잠시 잠이 들었다. 잠에서 깨어보니 해는 중천에 떠있고 우리는 대왕참나무 가로수가 주황빛으로 물든 도로를 시원하게 달리고 있다. 어느 갈림길에 서있는 이정표가 눈에 띈다.

〈배론성지〉 "어! 배론성지 가는 거야?"아들은 대답 없이 피식 웃는다. 거두리 성당을 다니기 시작하면서 성경 말씀을 마음에 꼭 새기며 틈틈이 교리공부를 하고 있을 즈음 〈배론성지순례〉를 얘기했던 것을 염두에 두고 한번쯤 가고 싶어 하던 내 마음을 알아차린게다.

우리나라 청정1번지 제천! 충북 제천시 봉양읍 구학리를 검색하고 배론성지로 향한다. 두 시간 정도 그리 멀지 않은 길은 늦가을 빨간 단풍 가로수가 물이 들어 고불고불 참 예뻤다.천주교 탄압의 도화선이 된 곳. 배론성지. 첩첩산중에 내려앉은 나룻배처럼 길쭉하게 뻗은 계곡을 중심으로 순례코스는 두 개로 나뉘었다. 오른쪽은 배론성지의 역사를, 왼쪽은 잘 가꾼 조각공원과 건축미를 자랑하는 성당 본당이 자리잡고 있다.

〈마음을 비우는 연못〉부터 시선을 사로잡는다. 잔잔한 연못과 돌다리, 그 끝에 두 팔 벌린 예수님 석상이 편안하게 감싸 안아주실 것만 같다. 우리나라 두 번째 신부 최양업 신부 기념성당과 순교자들의 집, 성요셉 성당 등 잘 보존되어 신도들에게 선교자들의 고행이 전달되어진다. 어린 시절 어머니를 따라 여러 사찰을 구경했지만 나이가 듦에 온전히 나만의 신앙을 찾아 조용히 공부를 하는 중이다. 마음이 편안하다. 언젠가는 아들에게 믿음의 한가운데 중심을 잡고 힘든 세상을 잘 살아가길 소망하면서 우리는 지금 이 시간을 오롯이 즐기며 행복해 하고 있다.

인생의 끝이 어디인지 모르지만 육신이 건강할 때 신앙은 축복인 것이다. 바쁜 일상을 잠시 떠나 평화로운 하늘의 뭉게구름 따라 흘러가는 세월과 함께 자식과 어미의 간절한 바람을 기도로 살아내려 한다.

꼭두새벽부터 길을 나서 편안하게 운전해주는 아들과 함께 이런 저런 마음 속에 담아둔 얘기를 두런두런 나누며 800년된 원주 반계리 은행나무 앞에서 자연의 위대함에 감탄하고, 배론성지에서 종교의 의연함에 숙연해지는 하루였다. 울긋불긋 늦은 가을 정취에 취해 핸드폰으로 단풍을 배경 삼아 셀카를 찍으며 즐거운 시간을 보냈다. 오는 길에 늦은 점심을 먹자고 했더니 "휴게소에서 음료와 커피, 빵 사서 차에서 먹으면서 가요."라며 아들이 서두른다.

그래. 우리 둘은 이심전심으로 모든게 통하는 동업자요, 모자 사이라 항상 꽃집 걱정이 앞서는 것은 어쩔 수 없는 모양이다. 잠시 잠깐 틈을 내어 당일치기 테마여행을 해보기로 다짐했다.
"어무이. 가보고 싶은 곳 있으면 미리미리 메모해놓으세요. 우리도 가끔씩 이렇게 하루 여행하면서 지내봐요. 당일 코스로 새벽에 움직이면 꽃들에게도 덜 미안하잖아요." 그렇구나. 아들….

어렵고 힘든 시기에도 함께 똘똘 뭉쳐서 이겨낸 우리 가족. 정말 고맙고 소중하다. 믿는 사람으로 살면서 나눌 줄 알고 자신에게 떳떳한 삶을 함께 살아나가자꾸나.

성지순례, 풍수원 성당을 다녀오다

그해 늦가을 낙엽이 뒹굴 때쯤 아들과 둘이 카메라를 챙겨 길을 나섰다. 어느새 황금벌판에는 뽀얗게 첫 서리가 내리고 멀리서 바라본 논에는 커다란 마시멜로 볏단들이 옹기종기 모여서 늦가을 풍경을 연출한다.

홍천을 지나 한시간 남짓 메타세콰이어 숲길을 지나 횡성의 풍수원성당이 멀찌감치 보이기 시작한다. 강원도 최초의 성당. 1982년 강원도 유형문화재로 지정되어 있다. 천주교 신자들이 모여살기 시작한 것은 1866년(고종 3년) 병인박해와 천주교에 대한 탄압이 더욱 심해지면서부터 1892년 김대건 신부, 최양업 신부에 이어 세 번째로 한국인 신부 서품을 받은 정규하 신부가 이곳으로 부임하면서 성당 건축이 시작되었고 대한민국 근대화 문화유산으로 등록된 것이다.

그해에는 아직 세례를 받기 전이라 내부로 들어가기가 조심스러

워 성당 밖을 서성이기만 했는데도 깊을대로 깊어진 가을풍경에 매료되어버렸다. 성당 앞에 뿌리 내리고 수많은 세월을 지켜온 느티나무 두 그루가 주황빛 보석 같은 가을잎들을 산바람에 하늘로 흩날리며 가을정취를 더했다. 봄, 여름의 즐겁고 아름다웠던 추억들을 갈무리라도 하듯 성당 마당에 한 잎 두 잎 켜켜이 쌓이고 쌓인 잎들을 한 아름 안아서는 하늘로 흩뿌리며 어린 아이 마냥 즐거워했다. 지금 그 사진과 영상은 아들 컴퓨터 파일 어딘가에 저장되어 있을 것이다. 단풍으로 물든 숲길을 아들과 함께 걸으며 딸내미처럼 재잘재잘 수다스러운 대화는 아니지만 차분하게 서로의 마음을 공유한다. 평화로운 이 숲길의 바람처럼 잔잔하게 그렇게 말이다.

횡성 서원면 지척에 사돈댁이 있다. 성당에서의 즐거운 가을 마실을 마치고 홍시감 한 상자와 예쁜 원피스를 사들고 사돈댁으로 향한다. 나지막한 산등성이 사이사이 논에는 어김없이 하얀 마시멜로가 댕글댕글 모여 있다. 그마저도 왜 이리 귀엽고 가을가을한 것인지 시골길을 달리는 재미를 더한다.

사위가 다녔다는 초등학교를 지나 마을 어귀를 들어서자마자 나지막한 검은색 개량지붕의 사돈댁이 보인다. 잠시 거실에서 얘기를 나누며 널따란 통유리창 밖으로 보이는 넓은 들판과 단풍이 가득한 산등성이를 보니 풍성한 가을로 곳간을 채워가시는 넉넉한 두 사돈 내외의 포근한 얼굴을 마주한다. 차 한 잔을 대접 받고 다시 춘천으로 돌아갈 시간. 안사돈께서 주섬주섬 수확한 서리태콩과 아침에 만들었다는 두부를 싸주신다. 오늘 저녁에는 손주들에게 두부조림을 맛있게 해주어야겠구나.

사돈 내외분은 법 없이도 사실만큼 착하게 살아가고 계시는 분들이시다. 울긋불긋 단풍든 시골길을 돌아나오면서 다시금 산골소년이 다닌 초등학교를 둘러본다. 그 산골소년은 이 산골에서 초등학교, 중학교를 다니고, 고등학교는 원주에서, 대학은 춘천에서 다니며 우리 가족과의 인연이 닿았다. 무던하게 가족과 자신을 위해 열심히 일하며 공부해서 대학원까지 마치고 회사에서 인정받는 인재로 발돋움한 멋진 사위이다. 한결 같이 올곧은 성품으로 열심히 잘 살아온 그의 이력을 보면서 인연의 끈이 강원도에서 한 가족을 맺어 대대손손 이어질 것이다.

가정을 소중히 여기며 안분지족을 몸소 실천하며 살아가고 있는 일등사위는 아마도 모태신앙의 힘이 어릴 때부터 내재되어 튼튼한 크리스찬의 모범적인 삶을 살고 있는 것이라 생각된다.

인간은 원래 한없이 나약한 존재이지만 믿음이 굳건하면 쉬이 흔들리는 법이 없다. 늦게나마 가톨릭 신앙인으로 살게 된 것에 감사하면서 어느덧 내 자리인 집으로 돌아왔다. 아들과 딸, 손주들과 오순도순 먹을 저녁식사 준비를 한다.

"자녀를 지식이 있는 사람보다 지혜로운 사람으로 키우십시오."라는 누군가의 한 마디를 되뇌이며 쌀을 씻는다.

선종하신 프란치스코 교황의 장례절차가 진행되는 뉴스를 보면서 검소했던 성품 답게 장례의식도 간소화하고 마지막 안식처도 바티칸 밖으로 정했다고 한다. 교황은 "무덤은 화려한 장식을 하지 말고, 묘비에도 이름만 쓰라."는 유언을 남기셨다고 한다. 지금 우리에게 당면한 문제들에 귀감이 되는 그분의 마지막 가르침이 아닐까 생각한다.

나의 묘비에도 작은 이름 하나 남기면 족하지 않을까.

오월에 떠난 안면도 기행

희뿌연 새벽안개 걷히는 여섯시. 더없이 맑은 오월이다.
〈춘천남부노인복지관〉 전광판이 뜨는 대형관광버스가 복지관 앞에 정차를 했다. 시간에 늦지 않기 위해 만반의 준비를 했지만 불안한 마음을 감추고 동아리반 열여덟분과 문예창작반 열두분. 서른명 모두를 태운 관광버스는 고속도로를 달린다. 우리는 모두 안전벨트를 꼭 맸지만 대형버스 맨 앞자리에 앉은 나는 1차선과 2차선이 좁아보여 가득이나 불안한데 하마터면 접촉사고가 날 뻔한 상황을 몇차례 접하고보니 불안해서 눈을 붙일 수가 없었다.
복지관에서 여행자보험을 모두 가입했기 때문에 별일이야 있겠냐마는 마음 속으로 묵주기도를 하며 무사하게 여행을 마칠 수 있길 빌고 또 빌었다.
1인당 25,000원의 경비를 추렴해 아침은 따뜻한 멸치김밥 한 줄과 생수, 떡, 소소한 간식거리로 떼우고, 점심은 불고기전골. 충남 금산군 추부면 홍삼의 고장, 깻잎의 고장. 청남대 가는 길에 제약회사 홍보관을 견학하고 경옥고 설명도 들었다. 모든 연령대의 공통된 관심사가 건강이다보니 홍삼선물세트를 저렴하게 판매하고 있기도 했다.

　오월은 가정의 달, 사랑과 행복이 가득한 달이다. 부부의 진한 사랑과 가족의 소중함을 몸으로 느끼게 하는 패키지여행이었다. 안면도 꽃박람회를 다녀올 수 있는 기회를 제공 받은 것이다. 충남 태안읍 안면도에는 세계꽃박람회답게 100만평 넓은 공간에 260만 송이의 튤립과 오월의 장미, 다알리아들이 물 위 분수대에 아치를 연출하고 있었다.

　꽃지해수욕장을 끼고 해송과 모래사장 너머로 두 개의 할아비, 할미바위가 자리잡고 있었는데 그 두 바위 사이로 황금빛 석양이 지고 있었다.

　언제쯤 다시 와 볼 수 있을까. 삼삼오오 짝을 지어 평화롭게 걷다보니 단체사진에 합류하지 못하는 아쉬움이 있었지만 단조로운 일상에서 잠시 벗어나 길 위에서 바다를 바라보며 서해의 석양을 벗삼아 소중한 한 컷의 추억을 만들었다.
돌아오는 길에 차 안에서 찰밥 한 덩이, 김치와 멸치 김자반으로 간단하면서도 영양 만점인 저녁식사로 요기를 했다.

　평생이 봄 같은 인생이면 얼마나 좋으랴.
　세월의 江을 지나고 있는 우리 문인들 모두는 치열하게 살아온 베어그릴스 같은 사람들이다. 문학인의 긍지를 지키며 노년의 살가운 마음으로 다가오는 우리들의 간절한 건강기도가 효험이 있기를 빌며 무사히 집으로 도착할 수 있음에 감사하게 되는 오월의 멋진 여행이었다.

여기가 낙원

잊혀지지 않는 두 번째 인제 내린천 만해마을 방문.

가을햇빛과 형형색색의 단풍잎들이 잔디밭 위에서 꽃잎처럼 구르는 지상낙원의 십일월 초이틀. 오프라 윈프리의 감사일기가 생각난다. 그녀는 매일매일 일기를 쓰라고 했다.

"저는 세상이 지구가 학교이며 인생은 교실이다"라고, 우리가 생각하는 천국이 이런 곳일까? 끝없이 펼쳐지는 대자연의 황홀함이다. 희끄무레한 구름이 걷히고 산들바람이 스카프를 휘감는다. 강원문인들과 함께라서 더욱 즐겁다. 넓은 식당에서 함께 마주 보고 점심을 먹으며 살아있는 것에 감사하다. 맑은 내린천 물소리, 새소리에 가슴마저 뻥 뚫린다. 물 좋고 공기 맑은 강원도에서 이십여 년을 몸담고 살아온 어느 문인은 만해마을을 두 번째 찾는 행운을 누린다.

작년 겨울 만해마을의 설경은 그야말로 황홀경이었다. 아무도 밟지 않은 눈밭에 사각사각 뽀드득뽀드득 발자국을 남기며 한용

운님의 '언젠가는'을 읊기도 했다.

> "언젠가, 말 못할 때가 옵니다. 따스한 말 많이 하세요. 언젠가, 웃지 못할 때가 옵니다. 웃고 또 웃고 활짝 많이 웃으세요. 언젠가, 움직이지 못할 때가 옵니다. 가고픈 곳 어디든지 가세요."

지금, 나를 대신하는 이 시를 읊으며 감사의 기도를 올린다.

오색 단풍 아래 떨어진 낙엽을 배경으로 삼삼오오 모여 연신 사진으로 추억을 담아본다. 이렇게 고운 색깔을 만들어내는 대자연. 그 나무들은 온 힘을 다해 대지 위 태양과 물을 마시며 단풍 드는 가을을 준비하고 기다려 왔을 것이다. 밟아보고 만져보고 뒤돌아보면서 못내 아쉬워 또 서성인다.

만해마을에서 즐거워한 한나절은 아마도 겨우살이에 지칠 나에게 커다란 희망의 선물이 될 것이다. 일하다 지치면 어깨를 펴고 심호흡과 함께 황홀한 단풍을 추억하며 기운을 낼 것이다.

해질녘 돌아오니 가을 배추밭 이랑 사이로 황금햇살이 가득하다. 한 알의 씨앗이 봄을 지나 여름장맛비를 뚫고 어린 새순을 지켜내 온 텃밭의 채소들과 꽃순이들. 너희도 단풍잎처럼 예쁘고 장하다. 머지않아 눈 내리고 야멸찬 겨울이 올 것이다.

함박눈 내리는 겨울이 오면 내 아들과 함께 카메라 들고 만해마을의 설경을 보러 다시 찾아오고 싶다. 그리고, 일기를 쓸 것이다.

이것 또한 나의 살아야 하는 이유인 것이기도 하다.

내일은 또 휴일이다.

한 주일의 쌓인 심연의 기도를 마치고 돌아오는 가을길 은행잎 단풍잎을 밟으며 십오 리를 걸을 것이다.

아! 이 순간이 행복이다.
걸을 수 있고, 들을 수 있고, 바라볼 수 있음에….

정선아리랑

드라마틱한 정선.
가리왕산이 있는 곳.
난생 처음 가보는 곳이라 가슴이 설렌다.

강원도 평창군 도암면에서 발원하여 구절리를 따라 흘러내린 송천과 삼척의 하장면에서 발원하여 임계쪽을 흘러온 골지천이 합류하는 곳으로 두 물기가 어우러진다 해서 아우라지라고 한다.
여름 장마 때 풍수적으로 양수陽水인 송천쪽 물이 많으면 대홍수가 나고, 음수陰水인 골지천 물이 많으면 장마가 그친다는 얘기가 전해진다.[1]

강원도 무형문화재 〈정선아리랑〉의 노랫가락으로 더욱 유명한 곳 아우라지는 정선아리랑 '애정편'의 발상지이기도 하다.

---

1) 정선군청 홈페이지

사랑하는 처녀 총각이 아우라지를 가운데 두고 각각 여량과 가금에 살고 있었다. 둘은 밤새 내린 폭우로 강물이 불어 나룻배가 뜰 수 없게 되자 약속한 날에 만나지 못해 그 안타까움이 실려 정선아리랑의 가사가 되었다 한다.

비가 오는 그 날.
문우님들과 우산을 받쳐 쓰고 함께 들어보는 정선아리랑. 스피커를 통해 구성진 노랫가락과 슬픈 젊은 청춘을 생각하면 가슴이 찡해온다. 조선시대를 거쳐 일제강점기 당시 나라를 빼앗긴 민족의 설움과 침통함을 애절한 가락에 담아 불렀으며 한국전쟁 이후 남과 북이 분단되자 공산주의를 반대하는 노랫말과 통일에 대한 간절한 소망을 담은 노랫말로 불려진 정선아라리.

첩첩한 가리왕산 능선으로 사방이 둘러싸인 정선. 삶의 고단함과 산골의 적막함을 노래로 풀어낸 한恨의 엮음 아리랑이었다. 나는 아직 강원도를 잘 모른다. 여러 문학단체에 입회한 이유이기도 하다. 문학기행을 통해 조금씩 알아가는 중이다.
산 좋고 물 맑고 인심 좋은 곳. 이곳에서 그들처럼 욕심내지 말고 순수문학인으로 편안하게 살아가려 한다.

어차피 인생은 빈손으로 왔다가 빈손으로 가는 게 아니던가.

춘천의 봄처럼 맑고 깨끗하게
- 춘천시 하수종말처리장 견학후기

오늘은 평소에 환경에 관한 지대한 관심을 갖고 있던 문인들이 ESG[1] 실천을 위해 근화동 하수종말처리장에 10시에 모이기로 하여 부지런히 집 설거지를 마치고 아들에게 꽃집을 맡기고 오전 반나절 시간을 냈다. 손주들 무사히 등교하는 것을 보고 서두른다고 서둘렀음에도 15분 정도 지각을 했다. 2층 강당으로 오르는 계단에서도 이미 강의가 시작된 소리가 들린다. 어릴 적 지각하면 혼났던 기억이 번뜩 든다. 서둘러서 강의실로 조용히 들어갔다.

하수처리장에서 나오는 오수가 여러 단계를 거쳐 맑은 물로 재탄생 되는 과정을 영상으로 알기 쉽게 설명해주고 있었다. 하수처리에 있어서 미생물의 역할이 얼마나 중요한지 새삼 느끼게 된다. 아무리 인간의 기술이 뛰어나다고 하지만 미생물이 없다면 얼마나 많은 에너지와 비용이 들어갈지 모를 일이다. 눈에 보이지도

---

[1] ESG : Environmental(환경), Social(사회), Governance(지배구조)를 의미하는 합성어. 기업경영에 있어서 지속적인 성장과 생존과 직결되는 핵심가치요소.

않는 존재들이 우리 삶에 많은 이점을 주고 있다. 꽃집에서도 미생물은 중요한 부분이다. 유기물을 식물들이 흡수할 수 있는 무기물의 형태로 분해하여 흙을 비옥하게 만드는데 큰 역할을 하는 것 중 하나가 미생물이니 말이다. 영상은 4개의 하수처리장과 6개의 펌프장, 1개의 분뇨처리장, 14개의 마을하수도에 대한 설명으로 이어지고 있었다.

하수처리를 하는 이유는 미생물[2]을 이용하여 탄소(탄수화물 등의 유기물)와 질소(단백질 위주의 물질), 인(지방 등에 많이 섞인 물질)을 제거하여 보다 깨끗하게 하천을 유지하기 위함일 것이다.

20년 전, 우리가 춘천으로 이사를 왔을 때에는 공지천에 물고기들이 죽어 둥둥 떠다니는 것을 종종 목격했었고, 비가 오는 날이면 자전거를 타고 공지천 뚝방길을 달릴 때 역한 냄새가 올라와서 산책을 망설였던 적이 있었다. 나에게는 역한 냄새로 몸살을 앓았던 좋지 않은 기억의 하수처리장에 견학을 와있다. 미래세대의 몫을 생각하며 현시대의 수요를 충족시키자는 지속가능한 발전에서 기업의 지속적인 생존과 성장에 직접적인 핵심가치를 환경, 사회, 지배구조가 함께 상호작용해야 한다는 것이 중요하다. 이젠 더 이상 물러설 곳이 없는 인간이 환경을 적극적으로 보호하고 개선해야 할 때이다. 환경오염이 인간으로 인하여 비롯된 만큼 좀더 적극적으로 자정하려는 노력이 필요하다. 지구를 살려야하는 것은 이제 우리 인간에게 주어진 책임이며 책무이다.

---

[2] 미생물 : 맨눈으로는 관찰할 수 없는 작은 생물을 말한다. 진균, 원생동물, 세균, 바이러스, 조류 등을 포함한다.

강의실을 나와 탁 트인 춘천의 하늘과 산이 어우러진 처리장을 빙 둘러본다. 정화탱크의 맑게 정화된 물 위로 파란 하늘의 양떼구름도 面鏡처럼 비치고, 흐드러지게 피었다가 하나둘 떨어지는 벚꽃잎과 건물 앞에 빨갛게 피어난 홍도화 꽃을 보며 따스한 사월 한나절을 문우들과 함께 즐겨본다. 공지천 인근의 식당에서 점심 식사를 하며 못다한 열띤 토론을 이어가며 오늘 환경에 대한 관심을 모아 우리 단체도 작은 실천과 노력을 해보자고 뜻을 모은다. 지구를 지켜야 그 위에 우리 문학도 글도 존재할 수 있는 것이니까 말이다.

이제는 석사천에도 물고기가 돌아와 맑은 수초 숲에서 자유로이 유영하고, 물방개, 소금쟁이도 함께 사는 곳. 개울물이 졸졸 흐르는 산책로에서 만나는 이웃들과 건강한 웃음을 나누며 행복한 일상을 되찾아가는 중이다. 더불어 문인들의 뜻있는 활동이 더욱 빛을 발하길 바라본다.

호주여행기

　전날, 호주여행에 나서기 전에 정보를 잠시 살펴봤다.

　호주濠洲. 오스트레일리아는 태평양과 인도양 사이에 위치하고 대륙 절반 이상이 서부고원지대로 국민은 영국인, 아일랜드인이 대부분이며 원주민이 전체 인구의 1/5. 영국의 식민지였다가 1901년 독립하여 영연방에 통합되었다. 형식적으로는 입헌군주제를 취하며 국가원수는 영국 국왕이라 총독에 의해 대표된다. 실제로는 의회제도를 채택하고 있으며 정부 수반은 총리이다.

　2016년 12월 12일! 두 번째 해외여행을 접수하다.
딸을 낳으면 비행기를 탄다던가? 언제 끝날지 모르는 최순실게이트로 정국이 어수선한 우울모드에서 탈출하기 위해 우리 모녀 3代는 4박6일의 호주여행을 선택했다.
　여섯 살된 외손녀딸과 함께 우리셋은 캐리어에 여름옷을 챙겨 쾌청한 날씨에 날아갈 것 같은 구름 위를 두둥실 끝없이 넓은 남태평양과 인도양을 내려다보며 마냥 행복한 열시간의 비행을 끝내고 호주 시드니 국제공항 리지스에 도착했다.

북회귀선을 지나고 적도를 지나 도착한 호주는 여름이었다.
시드니는 우리나라보다 동쪽이라 1시간이 빠르다고 한다. 탈의실에 가서 여름옷으로 갈아입고 모자와 썬그라스를 끼고 오랜만에 숙녀인양 기분을 냈다.

호주에서의 첫 날!
'세계 3대 미항' 중 하나인 시드니항에서 보트를 타며 물 속 돌고래들의 멋진 묘기를 보며 호주의 선상에서 우아하게 스테이크와 빵, 샐러드로 아침식사를 했다.
자연경관도 아름답지만 항구마다 풍기는 특유한 갯냄새가 아닌 시원하고 깔끔한 사이다 같은 이 맛은 과연 호주의 완고하리만큼 철저한 해양국책시스템 덕분이라고 한다. 물론, 국토면적이 우리나라의 40배에 가깝게 넓지만, 인구는 1/3배 정도로 적은 숫자지만 투명하고 공정한 정치제도가 뒷받침되는 곳이 부러웠다.
'우리는 왜 이렇게 안될까?' 자책하면서 걷다가 생각하고... 그렇게 걷던 도중 "할머니!!!" 손녀딸이 부르는 소리에 놀라 정신을 차려보기도 했다.

호주에서의 둘째 날.
호주 포트스테판 모래썰매 체험. 가느다란 샌딩보트를 타고 이글거리는 태양 아래 젊은 여행객 무리 중에 할머니는 나뿐이었다. 약간 무섭고 두렵기도 했지만 무식하면 용감하듯이 용기를 내어

주우욱~!!! 타고 내려오니 모두 손뼉을 치며 축하해줬다.

  호주에서의 셋째 날.
  유네스코 세계문화유산. 완벽의 곡선미학 시드니의 하버브릿지와 오페라하우스를 보며 오렌지껍질 모양의 지붕구조가 너무 아름다웠고 바닷 속에 잠긴 듯 하얀 조개껍질 문양의 건축물이 신비롭기만 했다.
  시드니 아쿠아리움에서 엄마펭귄과 갓 태어난 아기펭귄을 돌보는 사육사들의 지극한 동물사랑은 가히 한폭의 그림이었다. 그곳에는 살생을 금기시하고 있어서 작은 미물도 소중히 여긴다고 한다. 모든게 인위적인 것이 없다. 그냥 찍어만든 벽돌이 아닌 돌과 나무를 자연 그대로의 모습으로 잘 꾸며놓은 순수함과 질박함이 고풍스러웠다.

  꽃을 가꾸는 입장이라 그런가? 유난히 나무에 눈길이 많이 갔다. 그곳엔 가는 곳마다 아름드리 유칼립투스 나무숲과 나지막한 관목들 사이에서 짙고 독특한 향기가 주변을 감싸고 있었다. 그 독특한 향이 아토피를 치료하기도 하고, 치료제와 아로마용 원료로도 사용되며, 머리를 개운하게 해준다고 해서 꽃꽂이 베이스로도 많이 활용되고 있다. 울창한 나무와 드넓은 들판에 캥거루와 코알라가 뛰어노는 모습을 한번 상상해 보시라.

  호주 넷째 날!
  호주 메리놀 양떼목장과 포도농장에서의 점심은 꿀맛이었다.
  호주산 부드러운 스테이크와 갓 구워낸 전통빵, 여러 가지 와인과 신선한 셀러드. 이 맛에 젖어있는 호주사람들은 모두 거구이지만 낭만적인 소년소녀 그 자체였다.
　케인즈 자푸카이에서 부메랑 던지기 체험도 했다.
　'부메랑'이 되어 다시 내 앞으로 돌아온다는 그 어원이 여기서 유래되었다는 말도 재미있었다.

　호주 독립에 큰 공을 세운 골드러시의 호주 보물 블루마운틴.
　철도를 만들어 금광과 석탄을 캐올렸다는 그곳에는 앞으로 100년 넘게 캘 수 있는 금 매장량이 있지만 아껴서 보존하는 국책사업이 진행 중이라고 한다.
　얼마나 멋지고 부러운 일인가? 특히, 자연경관이 뛰어난 우리 강원도도 호주를 벤치마킹해서 관광휴양지로 탈바꿈할 수 있는 방안을 고민해보면서 4박6일의 호주여행을 마감한다.

　앞으로 2년 후 내가 건강히 잘 살면 지중해에서 크루즈를 타고 한 달간 선상여행을 꿈꾸어보며 2016년 행복한 모녀 3代의 호주여행에 마침표를 찍는다.

만추에 만난 여인들

 2020년 11월 3일 오전 11시쯤, 뜻밖의 전화 한 통에 홀린 듯
"여기 대전인데 우리 남이섬 여행하고 갈게. 저녁시간 비워놔. 같이 밥이나 먹자. 꽃단장하고 기다려."
구소운의 목소리다.

 천리 밖에서 나를 보러 올라온다는 기별을 듣고도 장난전화처럼 들린 그녀의 목소리. 꿈인가? 환청인가?
 세월아! 무심한 반백년의 해후. 드디어 내가 사랑했던 그녀들이 왔다. 구소운, 박인숙, 배순애, 강소영, 그리고 일곱 시간의 장거리 운전을 책임진 박인숙 남편. 마스크도 벗어던지고, 나이도 잊은 진또배기 우정. 멈출 수 없는 영혼이 담긴 우리들의 진심어린 우정을 보았다.

 안개에 묻힌 이른 새벽이 얼굴을 내밀고 기억의 허리를 휘감고 오른다.

다음날, 열여덟 여학생 시절로 우리는 만났다.

소양강댐에서 강물을 배경으로 왼발 들고 비행모드로 사진 찍기, 강원도립화목원에서 낙엽 끌어모아 하늘 날리기, 소양강처녀상 스카이워크 강화유리 아래 1분동안 내려다보기. 오금이 저려오는 짜릿함, 동심의 세계였다.

춘천의 맛, 철판 닭갈비로 맛있게 점심을 먹고 동작 빠른 인숙이가 계산을 해버렸다. 아침에 출근하며 딸이 친구분들 점심 대접해 드리라며 내민 카드로 닭갈비 3kg 아이스박스 4개를 준비해서 진심어린 선물을 했다.

1박2일의 꿀맛 같은 만남. 내 인생에서 짧은 여운이 남는 친구와의 여행은 처음이었다.

정든 고향을 버리고, 서울로 와서 살며 출세라도 한듯 우리 가족은 일찌감치 서울로 향했다.

잃은 것이 많은 타향살이. 지금 고향친구들을 보니 무던히 잘 견디고 살았으니 고향에서 참 행복하게 잘 사니 고맙기만 하다. 캘리로 말하기. 액자선물은 우체국 택배로 보내마. 남은 인생, 향기로운 삶이 되자고...

부디 건강하여 다시 만나기를 바라본다.

4부

야생화 인생처럼 살며

향기로운 작약꽃 한 다발

　오월의 따스함이 좋은 저녁시간이다.
　밭에서 갓 따온 상추와 머위 잎을 데쳐 쌈장과 봄나물로 한상 차려놓고 식구들을 불러 모으고 있을 때 현관문을 열고 딸아이가 들어선다.
　"엄마! 선물."하며 작약꽃 한 다발을 안겨준다.
　"우와! 이렇게 예쁜 작약꽃을…."
　어안이 벙벙하여 물었더니 후배가 선물하더란다.

　꽃에 별로 관심을 두지 않던 딸아이가 마흔이 넘어가더니 부쩍 꽃에 애정이 간다고 한다. 화병을 찾아 여기저기 꽂아놓고 향기를 맡으며 즐거워하는 모습을 보니 측은지심도 들고 사랑스럽다.
　새하얀 작약과 자줏빛 꽃잎 사이로 크림토핑을 올린 듯한 소르벳 겹작약이 어우러진 꽃병이 정말 탐스럽고 아름답다.

　이렇게 작약꽃을 바라보고 있으니 오래 전 옛날 생각이 난다.

아버지의 함박꽃 사랑. 뿌리를 한약재로 사용하던 백작약의 향기가 약방 문틈 사이로 배어나오는 것 같다.

중국이 원산지이고 향기가 은은하며 꽃잎도 풍성하고 커다랗게 달려 초여름을 화려하게 수놓아 '5월의 여왕'으로 대접 받는 꽃이다.

'꽃을 든 남자' 노랫말처럼 하얀 무명옷에 흰 고무신을 신고 뒷짐 지고 꽃을 바라보며 시심에 젖은 듯한 아버지의 모습이 떠오른다.

나의 철부지 어린 시절, 부모님께 멋진 딸이 되어 효도를 못하고 살았을까. 잘 보필하지 못한 것에 대한 회한. 못난 딸의 가슴이 아프고 시리다.

다 큰 딸아이의 엄마 사랑은 끝이 없다. 나는 왜 저렇게 못하고 살았나. "이럴 줄 알았으면 딸 하나 더 낳아서 키울걸." 했더니 생긋 웃으며 화답한다.

"엄마는 우리집의 든든한 버팀목입니다. 항상 옆에서 응원해주고 씩씩하게 스스로 잘 챙겨가며 살아서 좋아요."

딸의 응원을 받으며 행복한 저녁밥상을 물린다.

도시농부의 주말농장

 봄을 깨우는 들녘에는 농부들의 일손이 바빠진다. 일등사위는 작은 주말농장에 새벽 같이 일어나 작업복을 갈아입고 일찌감치 밭으로 나간다. 근무지인 경주에서 금요일 퇴근하면 부리나케 춘천을 향해 올라오는 수고를 마다하지 않고 밤늦게 귀가하여 피곤할텐데도, 그의 삶 자체가 워낙 질서정연하다.
 월급에서 조금씩 모아서 농기구를 하나 둘 늘려가는 재미가 쏠쏠한 모양이다. 횡성에서 크게 농사를 지으시는 부모님의 어깨너머로, 작은 산등 사이 논과 밭을 보아온 것이 많은 자양분이 된 것 같다. 작년에는 횡성 본가에서 사용하시던 중고 관리기를 얻어와서는 밭갈이를 하는 것이 좀더 수월해진 것이 천만다행이다.

 2주 전에는 온실 구석에 쭈그리고 앉아서는 모종판에 상토를 붓고 하나하나 씨앗을 넣고 물을 주고는 일요일에 다시 경주로 내려가면서
 "어머님. 시간되시면 꽃들 물 주실 때 모종아이들도 한번씩 물

좀 부탁드릴게요."라며 메시지를 보냈기에 당연히 물 잘 주겠노라고 답장을 해주었다. 우리 가족들과 아이들 입 속으로 들어갈 채소들이니 어찌 신경을 안쓸까. 매일 들여다보며 물을 주고 잘 커라 잘 커라 기도를 해주었더니 어느덧 떡잎이 돋아나고 손가락 한 마디만큼 자라서 제법 모종 태가 난다. 가지런히 모종판에 이름표를 달고 종류별로 줄 맞춰서 하늘을 향해 두 팔 벌리고 한껏 햇살을 만끽하고 있는 쌈채소와 파, 배추 어린 싹들. 파릇파릇 자라고 있는 아기 모종들을 볼 때마다 생명의 신비를 마주하게 된다. 어린 아기 들여다보듯 코 앞까지 가까이 얼굴을 들이밀고 새싹들을 보고 있노라니 왜 이리 예쁜지 한참을 들여다보며 미소가 빙긋 돈다.

사위는 봄이 안겨주는 희망을 보며 농사에 대해 조금씩 지식을 쌓는다. 주말농장에서 식물들이 자라고 꽃 피우고, 열매를 맺는 모습을 보면서 주중에 쌓인 스트레스를 풀고 마음의 안정을 찾는다고 한다. 꽃을 보며 환호하고 힐링을 하는 女人들처럼 말이다. 아이들도 공부하느라 힘들었던지 주말에 너른 밭에 나와 구름이와 함께 맘껏 뛰기도 하고 아빠가 공단 같이 갈아놓은 밭이랑에 검정비닐 멀칭작업을 돕는다.

가지런히 심어놓은 옥수수 모종을 흐뭇하게 바라보며 커피 한 잔을 하는 것은 농사를 지어본 사람만 아는 느낌일 것이다. 힘든 만큼의 신선한 노동은 마음의 평화를 안겨준다. 매사에 언행이 모범인 일등사위. 요즘 들어 보기 드문 반듯한 참 젊은 사람이다. 아이들도 자연스럽게 은연 중 아빠를 닮아가며 잘 자라고 있다.

이번 주말의 작업은 밭에 토양살충제를 뿌려서 땅 속을 정화시킨다. 애써 가꾼 농작물들이 헛수고가 되지 않게 하기 위해 처음부터 잘 준비해야 한다. 농막 옆 큰 밭쪽에 유기질 비료를 미리 뿌려서 땅의 기운을 북돋우고 트랙터로 밭을 갈아 이랑을 내고 검정 비닐로 멀칭작업을 하면 잡초걱정은 조금 줄어들 것이다. 일머리를 알고 나면 척척박사가 되듯 농사도 체계적으로 하나하나 체득해가고 있는 중이다.

꽃집으로 향하는 길에 둘러서 사위의 농막 앞에서 한참을 어린 새싹들이 싱그럽게 자랄 것을 상상하는 것만으로도 흐뭇함 그 자체이다.

200년 전 詩聖 괴테가 말했다.

'노년의 큰 敵은 孤獨과 疏外'다. 풍요로운 황혼을 보내려면 건강, 돈, 일, 친구, 꿈이 있어야 한다고 말했다.

일을 찾아 바쁘게 사는 삶에 스스로 감사하며 오늘 하루를 살리라.

여름날의 편지

　칠월말 더위가 한창일 때, 착한 사위의 주선으로 딸 내외와 두 손주, 아들과 함께 카메라장비 짐 보따리를 챙겨 동해안으로 피서를 떠났다.
　경포 바닷가 'Lakai리조트'에 도착하자 저면부터 쌓아올린 높은 석축 담벼락에 심어놓은 능소화가 멋스럽게 우리를 반겨주었고, 잔디밭 앞으로는 실내수영장이 있어 아이들과 함께 가족들이 즐기는 시원한 이 공간에서 불현 듯 내 곁에 없는 남편이 그리웠다.
　나는 속으로 중얼거렸다.
　"여보! 당신은 어디 간거야?"
　'나는 천개의 바람. 천개의 바람이 되었죠. 아침엔 종달새 되어 잠든 당신을 깨워줄게요. 밤에는 어둠 속에 별이 되어 당신을 지켜줄게요.'라고 시詩 한 수를 읊어주는 남편의 목소리가 분명했는데….
　그래요. 당신은 늘 우리 곁을 지켜주고 함께 즐기고 있는거지?
　더위를 참지 못하고 우린 동해안의 쪽빛 바닷물에 옷을 입은

채로 풍덩 빠졌다.

　손녀와 파도타기를 하면서 신나하는데 갑자기 주머니가 무거워졌다. 아차! 나도 모르게 핸드폰을 꺼내놓지 않고 물 속으로 뛰어든 것이다. 얼른 나와 마른 수건으로 닦고 건조시켰지만 핸드폰은 초기화면만 들어왔다 나갔다를 반복하며 살아날 기미를 보이지 않는다.

　그렇게 여름 바캉스의 첫날은 커다란 나의 실수로 시작되었다.

　애지중지하던 손녀들의 예쁜 사진과 친구들과의 일상적인 카톡 대화들도, 그대들의 연락처도 모두모두 다 지워져 버리고 나는 그야말로 암흑천지에 혼자 놓여진 절박한 심정이었다. 사진을 찍어 볼 수도, 얘기 할 수도 없는 답답함에 죄 없는 아들에게 화풀이를 해댔다.

　"너는 왜 엄마에게 한마디 주의도 안주고 무거운 카메라만 들고 왔다갔다 하니? 이리 좀 와봐! 엄마 핸드폰 먹통 됐잖아!"

　"왜요? 바닷물에 빠뜨리면 거의 못써요. 바닷물에는 염분이 있어서 회복 불가능인데…"

　"잘났어!!!"

　회복불능이라는 소리에 기가 죽어 아무것도 생각할 수가 없었다. 다리에 힘이 빠지고 무기력해졌다.

　"엄마! 걱정마요. 내가 좋은 걸로 바꿔드릴게. 예쁜 수영복 입으시고 우리 풀장에서 신나게 놀아요."라며 위로하는 딸이었지만, 사위 앞에서 차마 뱃살을 드러낼 용기가 없어서 주위만 뱅뱅 돌며 아가들 노는 모습과 파란 하늘이 내려앉은 수평선을 바라보고 있노라니 먹먹하던 모든 시름이 다 사그라진다.

아! 이 여유로움이 얼마만이던가!

엎치락뒤치락하며 지나온 세월이 주마등처럼 스치고 지나가며 남편 생각이 솟구친다.

동갑내기 여보야! 지금은 모두 보상 받고 혼자만 효도 받고 사는 내가 미안해. 우울하지 않고 하하호호 하면서 잘 살고 있는거 당신도 보기 좋지? 당신의 호탕한 성격, 미안해지면 머쓱한 표정으로 수줍어 말 못하다가도 술이 한잔 들어가면 "여보. 사랑해. 고마워! 미안해!"를 연발하던 순수한 당신이었지.

아들 파트너 어디쯤에 있는지 잘 점지해주고, 딸 특집 교육프로그램 준비하느라 거의 1년 가까이 출장 다니느라 고생이 많은데 9월 방송 나가거든 대박나게 잘 살펴주오.

가온이, 해온이! 이 녀석들 외할아버지를 잘 기억하고 있어요.

"할아버지 하늘나라에서 웃고 계시네."라며 해맑게 웃으며 너스레 떨며 노는 모습이 당신을 너무나 닮았다오. 아마도 욕심 많은 당신이 물망초 사랑을 해온이에게 점찍어 놓았나 봐요.

이토록 우리 가족 잘 살고 있는 건 당신이 꼭 지켜주고 있기 때문이라는거 다 알아요. 이렇게 해서 휴가기간 내내 당신 생각만 하다가 돌아왔답니다.

내년 봄 여고 동창회는 거제도에서 만나기로 했어요.

한려수도 한 바퀴 휘… 땅끝마을 해남까지 한달동안 놀고 먹고 여행할 생각하면 벌써부터 마음이 설렙니다.

'Isla Grant'의 'Life's story book cover'를 합창하면서 나이듦에 긍정과 멋스런 친구들과 함께 늙어가렵니다. 이런 내 마음 모두 담아 당신에게 편지를 띄우노니 뜯어보시고 꿈 속에서 답신을 보내주기 바랍니다.

 꼭 기다릴게요.

강원특별자치시대를 열며

　628년만의 새 출발
　새로운 시대의 서막
　300만 강원특별자치도가 탄생하는 날! 삼천동 수변공원 〈열린음악회〉가 팡파레를 울렸다. 우의를 입고 구름처럼 사람들이 모여든다.
　강원도지사를 비롯한 내외빈들과 최백호, 노사연의 열성팬들 여기에 다 모였다. 난이, 금자, 청자, 혜남, 인옥이와 그의 남자도 천둥번개 소나기도 무섭지 않은 그녀들 비닐 우의를 입고 빗물 젖은 의자에 오도카니 앉아있는 우리들.

　태백산맥의 정기를 받아 기어코 세 번째 강원특별자치도를 이루어냈다. 변방의 설움 이겨내고 다시 뛰는 강원도. 우리 모두 힘모아 하나가 되어 영원한 자유대한민국을 만들어내야 한다.

　'낭만에 대하여' 최백호도 만나보고, '청춘의 만남' 노사연도 만나보았다. 오디오가 비에 젖을까 우산을 씌워주며 애를 쓰는 스텝들,

녹화방송 중 마지막 800개의 드론을 띄워 나이트쇼를 연출하는 강원특별자치도 마스코트 강원이와 특별이를 보니 가슴이 울컥 심장이 떨린다. 이 황홀한 드론 묘기는 드론 제1주자 이혜남 문우 아드님의 빼어난 실력이라고 한다.

 분단의 한복판에 서있는 강원특별자치도.
자유를 그리는 통일의 꿈과 나라의 태평성대를 위하여 축원하며 또 빌었다. 가까이 사는 혜남이와 인옥 그들은 걸어서 가고 밤 11시가 다 되도록 기다려준 아들 덕분에 청자네, 금자네 집 앞에 무사히 모셔드리고 집에 오니 자정이 다 되어가는 시간에 야식 겸 저녁을 먹었다. 야채 상추랑, 샐러드, 아욱국으로 배를 채우고 두고 두고 잊을 수 없는 오늘을 기억하자.

 아름다운 그녀들과의 비 오는 날의 추억을, 강원의 시대가 활짝 열리는 이 날을 정녕 잊을 수가 없다.

자화상

철부지 막내로 세상을 생각 없이 살다가 맞닥들인 현실 앞에 이리 저리 흔들리며 성년이 되어 다시 용기 내어 살아온 어언 70 평생.
여기가 어디쯤인가? 경남 고성, 서울, 광암리. 아! 그렇지. 종착지가 이곳 봄내골이었구나.

안개 걷힌 호수의 맑은 물처럼, 흙 속에서, 바람에 실려오는 꽃향기를 맡으며 꿈 많은 소녀들을 보며 함께 성장하는 중이다. 아무렴 근심이야 없을까마는 세상 일이 내 마음대로 되지 않을 때, 파문이 일 때, 조용히 성경책을 편다. 눈이 아프도록 읽어내려가지만 왠지 모르는 고독 속으로 하염없이 빠져든다.
텅 빈 마음 오늘이 아버지를 기리는 '석채례釋菜禮' 참석치 못하는 불효의 늪에 빠진다. 천리 밖 고향은 그림일 뿐 나는 자식으로서 무능하다. 여섯 마디 중 끄트머리인 딸이건만 근황은 하루하루 노쇠해지고 무정한 세월은 야속하기만 하다.
모아지지 못하고 흩어지기만 하는 바람 같은 인생길.
어느 賢者가 말했듯이 "건강하게 살면서 재물에 궁핍함이 없고 몸과 마음이 편안하며 덕을 갖추고 천수를 누리다가 편안히 죽음을 맞이하는 복. 고종명考終命 같은 인생이 과연 얼마나 될까. 유종의 미를 거두려면, 마지막 후회 없는 맺음을 위해 최선을 다하며 살아야지라고 결심을 하며 윤동주의 「자화상」을 읊어본다.

> 산모퉁이를 돌아 논가 외딴 우물을
> 홀로 찾아가선 가만히 들여다 봅니다
>
> 우물 속에는 달이 밝고 구름이 흐르고
> 하늘이 펼치고 파아란 바람이 불고
> 가을이 왔습니다
>
> 그리고 한 사나이가 있습니다
> 어쩐지 그 사나이가 미워져 돌아갑니다
>
> 돌아가다 생각하니 그 사나이가 가엾어집니다
>
> 다시 그 사나이가 미워져 돌아갑니다
> 돌아가다 생각하니 그 사나이가 그리워집니다
>
> 우물 속에는 달이 밝고 구름이 흐르고
> 하늘이 펼치고 파아란 바람이 불고
> 가을이 있고 추억처럼 사나이가 있습니다
>
>   - 1939년 9월. 윤동주

무소유

작년 초겨울 '생명의 숲'이라는 단체에서 심어놓은 메타세콰이어 나무들이 제법 아름드리 거목(?)이 되어 여름에도 하늘하늘 그늘을 만들고, 가을엔 주황빛 단풍물이 들었는데 벌써 초겨울 추위에 잎을 떨구고 하늘빛을 내주고 말았다. 거북이 등처럼 터진 갑골문자껍질에 일 년의 아픔이 새겨져 있다.

무소유를 겸허히 실천하는 겨울나무들을 보며 아집과 욕심으로 가득찬 내 구차한 삶을 거울에 비추듯 훤하게 들여다보는 듯하다.

가진 게 별로 없지만 이제는 마음을 열고 겨울나무처럼 소유하지 말고 나누며 베풀며 살아보자. 출퇴근길 춘천순환로 외곽 6차선 도로가 메타세콰이어 이 길을 시원스레 달리는 상쾌한 기분. 몇 년 후엔 춘천의 명물거리가 되리라 생각하며 늦가을 수북이 쌓인 낙엽길을 걸으며 나에게 또 다시 나의 길을 묻는다.

메타세콰이어 숲길은 이국적이며 환상적인 풍경을 자아낸다. 멀리서 보면 옹기종기 줄지어 마주앉은 요정들 같기도 하고 장난감나라의 꼬마열차 같기도 하다. 길 가운데에 서서 바라보면 영락없는 영국 근위병들이 사용하는 모습이다. 어느 가을날 홍천을 지나는 강을 따라 뻗은 숲길에서 늘씬하게 자란 모습을 보고 그 나무에서 느껴지는 매력에 빠져버렸다. 평균수명 100년 이상이고 다른 나무들에 비해 성장이 빠른데 나무의 가지들은 키에 비해 넓게 뻗지는 않는 편이라 가지치기 등의 관리가 비교적 쉽다는 것도 가로수로서의 효용가치가 좋다. 춘천은 내륙이다보니 겨울에는 많이 춥다. 겨울이 가까워지면 손톱마냥 잎들이 갈잎이 되어 길가에 흩어지고 앙상한 가지만 남아 원추형 모양으로 하늘을 떠받치고 있는 모습을 보면 측은하다.

춘천 시내의 동쪽을 둘러 장학리에서 거두리까지 이어지는 춘천순환로 넓은 6차선 도로를 따라 줄지어 자리잡은 메타세콰이어길. 해가 갈수록 짙어지는 나무그늘을 보며 언젠가는 춘천의 걷기 좋은 길이 될지 기대해본다.

나무는 어쩌면 무소유 그 자체가 아닌가 싶다. 법정 스님의 무소유는 아무것도 갖지 않는 것이 아니라 불필요한 것을 갖지 않는 것이라고 했다. 소유로 인한 번뇌와 얽매임에서 벗어나 자유로운 삶을 추구해야 한다고 가르친다.
무소유의 철학은 물질적 풍요 속에서도 마음의 평정을 찾는 삶의 방식이라고 한다.

〈살아있는 것은 다 행복하라〉 꽃집 앞에서 산들바람에 살랑살랑 팔 흔들어주는 메타세콰이어를 보며 법정 스님의 글을 읽으며 김수환 추기경을 생각하게 하는 아침이다.

가온이와 해온이

 세상의 중심이 되어 온유하고 따뜻한 일곱 살 외손주 가온이는 이목구비가 반듯하여 작은 숙녀다운 모범적인 아이, 그대로 잘 자라주면 횡성 강릉 김씨 가문의 멋진 여성 법조인으로 자랄 가능성도 있어 보이는 카리스마 넘치는 말과 행동 그리고 외모가 범상치 않다. 이를테면 외할머니가 보는 주관적인 안목이겠지만 어쨌든 이 아이들이 나에게 주는 에너지는 엄청나다.

 바라보고만 있어도 웃음이요 행복이다.
 노후에 곁에 두고 보는 나의 재롱둥이 꽃들이자 보석이다. 올해 네 살인 둘째 손주 해온이. 햇님처럼 온유하고 따뜻한 지금 네 모습이 그렇다. 너는 외할아버지를 신기하게도 많이 닮아 더욱 정겹고 예쁘다. 그리울 땐 이 아이를 보며 가슴속에 아련한 추억을 담금질하곤 한다.
 물망초 사랑인가. 익살과 장난기가 사내아이처럼 때론 돌격대장 같지만 인정스럽고 포근하다.

"함머니! 엄마 보고 싶당!"

퇴근시간을 못 기다리고 보채는 그 앙큼스런 모습도 귀엽고 'ㄹ' 발음이 되지 않아 스스로 만들어 쓰는 우스꽝스러운 언어구사 능력이 신통하고 용하다.

조손이 벗되어 오늘도 외손주 바보할머니는 마냥 즐겁기만 하다. 자식을 키울 때 느껴보지 못한 또 다른 이 느낌은 필히 '내리사랑' 이라고 표현하는 것인가 보다. 언제나 아이들의 시선은 원거리 확대경이다.

내가 모르고 지나치는 순간을 놓치지 않고 말해주는 눈밝이 귀밝이들이다. 한번 듣고 따라 부르는 영어노래도 동요도 그 작은 머리와 손이 이 할미를 능가하는 천재들인 것 같다.

훗날 이 아이들이 뭐라 얘기할까?

파란하늘과 잘 어울리는 황금색 가을 같은 외할머니 모습을 기억해주기를 소망해보며 오늘도 작은 숙녀들과 어울려 마냥 동심 속으로 빠져든다.

— 2017. 9. 1. 아침에

손녀와 반려견

올해 여중생이 된 큰 손녀.
 사춘기에 접어들어 급성장하고 있는 예쁜 손녀 가온이가 등교시간만 되면, 다섯 살 반려견 말티즈 공주가 쫄랑쫄랑 따라 나와 반갑게 배웅해 준다.

 4년 전 일이다. 그때까지 집 안에서 강아지를 키운다는 것은 상상도 못할 일이었지만, 평소 겁 많고 눈물 많고 걱정 많은 큰 손녀를 위해서였다. 어릴 적 부모 모두 맞벌이를 하다 보니 그런 헛헛한 마음을 보듬어주지 못했던 것이 원인인지 모른다. 그래서 가족회의 끝에 이 아이를 위해 친구 같은 애완견을 키우기로 결정했다.

 어린이날을 앞두고 엄마를 따라 분양을 받으러 애견센터에 간 가온이는 들어가자마자 한 마리의 강아지에게서 눈을 떼지 못했다. 하얀 백설기에 까맣고 동그란 구슬을 콕콕콕 박아놓은 듯한 앙증맞은 아기 〈말티즈〉 앞에 쪼그려 앉아 눈에서 꿀물을 뚝뚝 떨구고 있더란다.

 그렇게 작은 백설기는 우리 가족들과 한 식구가 되었다. 말티즈는 입양을 오던 첫날부터 낯가림 없이 여기저기 두리번두리번 제 구역이었던 것처럼 작은 발로 총총거리며 돌아다녔다.

 순백의 어른 손 안에 쏙 들어오는 아직은 어린 아기 말티즈는 고향이 저 먼 남쪽바다 몰타섬이다. 품종 이름도 그 섬의 이름에서 유래가 되었다는 이 아이는 그 내력이 2800여 년이나 된 순종 혈통이다. 왕이나 귀족들의 무릎에서 크며 사랑을 받고 낯선 사람이 다가오면 주인을 지키기 위해 목청껏 짖는 맹랑한 아이, 이 작고 애교 많은 솜털뭉치는 가족들의 사랑을 한껏 받게 되었고 이름을 흰구름 같다 하여 '구름이'로 붙여주었다.

 구름이는 정해진 구역에서 대소변도 깔끔하게 잘 보고 있어 키우는 데에 별다른 어려움 없이 지금껏 함께 잘 지내고 있다. 저녁 시간이 되면 큰 손녀 베개 옆에 머리를 맞대고 같이 잠이 든다. 둘이 그렇게 아삼육이 되어 식구로 살아가고 있는 중이다. 혈육보다 더 끈끈한 우정의 친구 사이다.

 아이들이 하교하거나, 우리가 퇴근하고 도어락 문을 열고 들어오는 소리가 나기라도 하면 안쪽에서 벌써 '후다다닥' 부리나케 뛰어오는 발소리가 들린다. 구름이다. 빼꼼 문을 열면 고개를 한껏 치켜들고 꼬리가 떨어질 만치 좌우로 크게 흔들며 한바람을 일으키며 맞아주는 친절함에 다들 방긋 웃으며 퇴근해서 포근한 집에 들어섰음을 느낀다.

 손녀는 구름이를 목욕시키고 털을 말려주는 일에도 제법 익숙해졌다. 배변 패드 갈아주고 사료와 물 주는 것도 알아서 척척 잘 챙겨주기에 잔소리를 할 일이 없다. 그렇게, 큰 손녀는 정서가 차츰 안정되어 무서움도 덜 느끼고 명랑소녀가 되었다. 공부에도 전념해 올해 중학교에 입학하여 잘 적응해 나가고 있는 것을 보면 동물과 식물과 교감하고 공존하며 함께 치유되는 반려의 과정 때문이리라. 덕분에 할미인 내가 할 일이 조금은 많아졌지만, 성장하는 아이들이 바르고 건강하게 잘 자라주는 것만 해도 더할 나위 없는 축복이라 생각한다.

오늘도 무사히 하루를 살자고 다짐한다. 초등학교 4학년이 된 둘째 손녀 해온이도 아침 등굣길 안전이 염려되어 매일 따라 나서지만, 혼자서도 교통질서 지키며 다니는 것을 먼발치에서 지켜보고 있게 된 것만으로도 두 손녀 키우는 재미와 보람이 쏠쏠하다.

이제 종심을 맞는 내 삶이 늘 그래왔듯, 부랴부랴 아침 설거지를 끝내기가 무섭게 부릉부릉 꽃집으로 달려간다. 싱그러운 봄, 농원의 꽃들에게 마음 다해 아침 눈인사를 나누며 물을 주고 쓰다듬어 다독이는 나는 천상 꽃밭지기인가 보다.

아무 일도 없듯이

새해!
찬란히 떠오르는 아침햇살을 보며 평화로운 노년의 삶을 기도한다. 흰 눈 덮인 고즈넉한 아침을 위하여 부끄럽지 않게 작은 꿈 하나를 보탠다. 오롯이 한 페이지 글을 읽고 쓰면서 올곧은 정신과 건강한 육신을 위하여 살게 해주소서.

지난 토요일 저녁 매스컴을 통해 들려오는 절규의 시위소리 스트레스를 받아서일까? 갑자기 밤부터 몸 앞쪽이 가렵기 시작하더니 겨드랑이까지 번졌다. 정신없이 긁었더니 손톱자국이 지나간 자리가 빨갛게 부어오른다. 주섬주섬 약통 속을 뒤져 피부연고제를 발라도 소용이 없다. 이틀 밤을 꼬박 새우다시피하고 아침을 맞았다.

월요일이 되어 동네 여의사가 있는 피부과 의원을 찾았다. 나는 긴장되어 창피하지만 옷 앞섶을 열어보이고 어떤지 의사에게 물으니 '알레르기'라며 혈관주사 한 대와 피부연고제, 처방약을 내어주었다.

다행히 진정이 되어 아무 일도 없던 것처럼 또 하루를 보낸다.

어제는 마침 일요일이라 작은 손주가 늦잠을 자고 있기에 아침 메뉴는 청국장을 넣은 김치콩비지찌개를 끓이기로 하고 토요일에 친구들과 점심식사를 한 음식점에서 얻어온 콩비지 한 덩이를 김치와 두툼한 돼지고기와 함께 된장과 청국장을 듬뿍 넣어 푹 끓였다. 내가 맡아도 지독하리만큼 맛있고 쿰쿰한 청국장의 맛과 향이다.

혹여 개코 같은 작은 손주의 잠이 달아날까 싶어서 추운 날씨에도 불구하고 양쪽 창문을 열어젖히고 공기청정기를 돌리고 한바탕 난리를 쳤지만 청국장 냄새는 그리 쉬 빠지지 않으니 난감해할 쯤 불현 듯 비책이 생각났다.

맞아! 고구마를 굽는거야. 얼른 수확해서 보관 중이던 고구마를 씻어 에어프라이어에 넣고 180℃에 40분 버튼을 누르고 굽기 시작했다. 10여분이 지났을 때 달콤한 고구마향이 스멀스멀 퍼지기 시작하더니 이내 집안 가득 군고구마 향기로 가득 찼다. 그 굳건하고 지독하던 청국장의 향기도 달콤함에 녹아들어버렸다.

아이들은 지독하다고 숟가락도 안갖다대는 청국장찌개를 밥상 위에 턱 올려놓고 아무런 일도 없던 것처럼 온 가족이 둘러앉아서 맛있는 청국장이 들어간 찌개로 아침밥을 먹을 수 있었다.

올해 초등학교 5학년이 되는 작은 손주는 성정이 사내 기질이 있어서 태권도와 영어 공부를 좋아한다. 발도 제법 크고 키도 또래에 비해서 클 것 같고 명랑하고 개구지게 잘 생겼다.

맵고 짜고 자극적인 음식을 좋아하면서도 왜 청국장 냄새는 극도로 싫어하는지 청국장을 마음 놓고 띄울 수가 없다. 이렇게 구수하고 쿰쿰한 자연이 주는 선물과도 같은 그 맛을 이해하기에는 아직 어린게다. 나도 어릴 때 싫어했었으니까.

  무엇을 하든 건강하고 복되게만 자라다오.

아침마다 등굣길이 염려되어 아파트단지 울타리 밖까지 배웅해주는 할미코트 주머니 속에 슬쩍 들어오는 녀석의 조약돌만한 따뜻한 손이 조손祖孫이 벗되어 학교에서 돌아오는 저녁시간까지 핫팩으로 남는다.

감자꽃처럼 소박하게

20년 전,
 오월의 감자꽃이 춘천 서면 신매리 넓은 들녘을 하얀 감자꽃 몽실몽실 흐드러지게 필 무렵, 우리 가족은 춘천으로 이사를 왔다.

 땅 속 깊이 지하에서 길어 올린 물줄기가 감자꽃 이랑마다 설치된 스프링클러에서 분수처럼 힘차게 쏘아져 오를 때는 호수공원을 온 것처럼 시원스런 풍경이 장관이었다.
허리를 숙여 밭이랑을 바라보니 검정색 비닐로 멀칭을 해서 잡초 한 포기 없는 예쁜 대자연의 정원이라고 해도 손색이 없었다.

 이곳 강원도에 오니 농사를 과학적이고 체계적으로 짓는 광경을 보고 적잖이 놀랐다. 그런 아름다운 추억 속에 살면서 나도 작은 텃밭에 유기농법으로 각종 야채들을 심었다. 조롱조롱 달린 방울토마토의 작고 앙증 맞은 볼살을 보고 있노라면 천진난만한 아기 얼굴을 보고 있는 듯해서 웃음이 절로 난다.

따가운 여름햇살과 단비가 만든 청정한 여름 보석들로 매끼 식사를 준비하는 것도 '자연이 주는 복이겠지?' 생각하며 갓 따온 풋내 가득한 야채들과 상큼한 오이맛 처럼 건강하게 살자고 다짐한다.

세계 4대 작물인 벼, 밀, 옥수수, 감자.
고산과 서늘한 기후로 옥수수와 감자 농사가 잘 되는 강원도는 대부분의 지역에서 밭작물이 잘 되는 것 같다.
사람의 얼굴모양과 성정이 다르듯 야채들의 모양과 성장도 각양각색이다. 무겁게 달린 조선개구리호박은 가녀린 줄기에 씩씩하게 매달려 떡 버티고 있는 모습이 우습기도 하고 대견스럽기도 하다.

하룻밤 자고나면 어느새 이만큼 자라버린 보랏빛 가지들과 귀염둥이 초록초록한 풋고추들. 보면 볼수록 신기하고 예쁘다.
좁쌀만큼 작은 씨앗 하나가 싹을 틔워 잎과 줄기가 자라고, 꽃을 피우고 열매를 맺어 풍성한 식탁을 꾸며주는 놀라움에 마치 아기가 어른이 되듯 우리네 인생 여정을 보는 듯하다.

이른 옥수수와 늦옥수수를 식재시기를 구분해서 파종을 하니 이모작이 가능했다. 또 옥수수 수확을 마친 후 자른 옥수수 밑동 사이사이에 들깨 모종을 심으니 푸르고 향긋한 들깻잎들이 방긋방긋 잘 자라고 있다.
절기와 시기를 잘 맞추어 다수확을 꿈꾸는 과학적인 영농. 젊어서 도시생활을 하며 몰랐던 생물들의 질서 있는 자연의 순환.
노년에 즐기는 유기농법도 글쓰기 작법처럼 - 작은 씨앗 한 알 속에서 세상을 본다. 꿈 너머 꿈, 감자꽃처럼 소박한 일상에서 글을 쓰며 행복하려고 노력한다.

　하루가 일상이라 생각하며 오늘이 얼마나 소중한지 절실히 느껴보면서 오늘도 푸르름과 마주한다.

기억의 정원

'넓은 벌 동쪽 끝으로 옛이야기 지줄대는 실개천이 휘돌아나가고'
시인의 향수鄕愁가 그리운 고향 속으로 내달린다.
 문학동아리 회원들과 오랜만에 유리알처럼 맑은 가을하늘 아래 기분 좋은 야외수업으로 국립춘천박물관 관람을 간다.

 어느 수집가의 생전 모습을 강물에 배 띄운 것처럼 유유자적하며 즐긴다. '기억의 정원'에서 어린 시절 함께 했던 소품들과 은은하게 울려 퍼지는 범종소리를 들으며 살아있음에 행복한 순간들이다.
 관람을 마치고 가을길을 함께 걸으며 박물관 인근 식당에서 추어탕을 먹었다.
 '이야! 어머니 추어탕 생각이 난다!'
 물론, 어릴 때 어머니께서 끓여주시던 그 추어탕 맛에 어찌 견주겠냐마는 뜨끈한 들깨 국물 속에서 가을의 맛을 느껴 보고 옛 추억을 떠올리니 모처럼 즐거움이 스며난다.

누렇게 익은 벼를 베어낸 질퍽한 논두렁 진흙밭은 우리들의 놀이터였다.

부드럽고 시원한 진흙의 촉감. 동네친구들과 어울려 시간 가는 줄 모르고 황금빛 미꾸라지를 잡느라 온종일 찰박찰박 깔깔깔깔. 어둠이 어슴프레 내려올 무렵 흙강아지 모습으로 집으로 돌아올 때면 대문 너머로 어머니의 알 듯 말 듯 한 표정이 아른하다.

"살아있는 저 불쌍한 미꾸라지를 소금으로 주물러 펄펄 끓는 가마솥에 어찌 넣어 끓이라고 잡아 왔노?" 질겁하시며 걱정이 태산이셨던 어머니.

마당에서 소란스럽게 떠드는 소리에 건넛방 문을 반쯤 열고 허리 꼬부랑 하신 할머니의 일장연설이 이어지신다.

"애미야! 가을 미꾸라지는 보약이다. 소금으로 박박 씻어 끓여야 비린내, 흙내가 안나니라. 가마솥에 넣어 장작불에 오랫동안 푹 끓여서 뽀얀 국물에 뼈까지 좌르르 추려지면 진국을 채에 걸러서 방아잎이랑 들깻잎, 무청 넣고 된장이랑 들깻가루 버무려가 매운 고추, 파 듬성듬성 썰어 끓이면 그 맛이 일품이니라." 하신다.

거역할 수 없는 어머니는 광목행주치마로 눈을 가리고 눈물인지 콧물인지 두 어 시간을 연기 자욱한 아궁이와 씨름하며 만들어내신 김이 모락모락 나는 추어탕 한 그릇의 맛.

연기가 잦아들고 구수한 향기가 집 근처로 퍼져나가면 단출한 잔치가 벌어진다. 아버지 사형제와 숙모님들, 윗집 아랫집 아지매 아재들 모두 모여 저녁 만찬을 즐겼다.

할머니 시집살이에 등골이 휠 정도로 힘든 어머니를 나는 어쩌

자고 매번 미꾸라지를 잡아왔을까? 아마도 할머니가 몰래주신 사탕 한 알과 칭찬이 아니었을까 싶다.

　밭둑 사이사이에 핀 보라색 향기를 달고 피고 있는 방아잎 배초향 꽃을 보고 있노라면 또 어머니의 추어탕 생각이 난다. 해질녘 석양을 배경으로 하늘거리며 피어난 구절초 꽃잎을 닮은 청초하고 고운 나의 어머니.

　그 여인은 마음이 여려 개미 한 마리도 잡지 않으셨다.

　"살생하지 마라. 죄 짓지 마라." 하시던 그녀. 열여덟 꽃다운 처녀가 종갓집 종손에 한학자 집안이라며 천석지기 외할아버지가 고이고이 기른 딸을 말 등에 엽전꾸러미를 실어 시집을 보내셨다 한다.

　삼대가 한 집안에 거기다 자손 없는 작은 할머니와 작은 아버지 4형제까지 사랑채를 오고가며 밥상을, 술상을 차려내신 후덕한 성품, 평생 여장부이셨다.

　할아버지와 아버지는 한약과 한학 공부, 종중 행사들로 늘상 바쁘셔서 달포는 집을 비우고 영남의 도산서원, 소수서원에서 공부를 하시느라 가정사는 어머니께 모두 맡기고 의복의전에 온 가족이 매달리며 살아야 했다.

　큰 오빠, 작은 오빠는 일찍이 공부하느라 서울과 진주로 떠나고, 막내인 나는 사랑채 아버지의 약방 안을 먼지 한 톨 없이 쓸고 닦았다. 꽃을 좋아하셨던 아버지의 책상 앞 화병에는 들꽃 한 움큼 꽂아놓으면 아버지는 흐뭇한 미소를 지으셨다.

　그런 정서 속에서 오래 스며들어 살면서 철부지 막내딸은 힘들고 거추장스런 우리의 전통문화라고 등한시했고, 한의공부도 힘들고 싫증이 나서 아버지의 뜻을 받아들이지 못했다.

세월이 흘러 지금 내가 아버지의 나이를 살아가고 있을 줄이야.
진정한 선비정신은 다 어디로 가고 세상은 가도 가도 부끄럽기만 하다. 정녕 좋은 세상이 올까? 우리 다음 세대 젊은이들이 꿈을 펼치고 마음껏 일할 수 있는 세상에서 살아야 할 터인데 곳곳에 반목과 갈등으로 온 나라 안팎으로 시끄럽다.

하릴없는 생각으로 한낮의 따뜻한 가을햇볕에 젖어 눈을 감고 있으니 서걱서걱 마른 풀잎 밟는 소리가 난다. 손님이 오시나? 눈부신 햇살에 실눈을 떠보니 길고양이 두 마리가 화단 밑으로 지나다가 눈이 마주친다. 순간의 정적 너머로 부리나케 담을 뛰어넘는다.
그렇게까지 놀라지 않아도 될 텐데 인간이 해코지 할까봐 너희들도 무서웠나보구나.
"야옹아. 이 할미는 며칠 전 세례 받고 우리 함께 평안을 누리며 짧은 생애 봉사하며 내 어머니처럼 살기로 한 사람이란다. 무서워하지 않아도 되니라."
겸손히 무릎 꿇고 기도하는 마음. 내 정성으로 가족을 위해 조용히 아침밥상을 차린다. 추어탕을 끓여주시던 어머니의 간절했던 그 사랑을 기억하며 세상엔 공짜가 없고, 받았으면 반드시 갚아야 하는 'Give and Take'가 아니던가.

이제 주변을 살펴본다.
농사를 지어보니 알겠다. 한톨의 곡식이 소중한 것을, 그리고 작은 것 하나라도 이웃과 나누면 기쁨이 두 배가 된다는 것을 말이다.

어느덧 새벽이다. 또 새로운 하루의 시작이다. 오늘은 고구마를 캐러 일찌감치 밭에 나가보자. 고구마 줄거리 따서 말리고, 고추와 깻잎도 따서 저장해야 겨울을 난다.

　요즘 농산물 값도 오른다니 걱정이다. 서민들 살기가 점점 팍팍해진다. 그래도 우리는 작은 텃밭이지만 여름내 키워 거두어들일 것이 있으니 조금은 위안을 삼으며 고구마 밭에서 씨름을 한다.

　가을아! 좀 더 곁에서 놀아주다 가려무나.
　"시몬, 너는 아느냐? 낙엽 밟는 소리를…"
　가까이 귓전에 맴도는 가을의 소리가 서정적이다. 마음 가득 한 아름 낙엽을 끌어안아본다.

꽃물 든 일기장

 가을이슬이 내려앉은 뜨락에 겨울 맞을 준비를 서두른다.
 구절초가 함초롬히 이슬 맞아 애처롭다. 예쁘게 핀 국화, 구절초 얼굴 위로 스멀스멀 가시박덩굴이 뻗었다.
 아뿔싸! 부리나케 덩굴을 자르고 걷어내니 성게 같은 열매들이 빽빽한 가시로 중무장을 하고 있어서 만져볼 엄두가 나지 않는다. 외래유입 생태교란식물로 지정된 가시박의 번식력에 할 말을 잃었다. 여름내 걷어내고 걷어내기를 반복하지만 자고나면 뻗어 오르는 속도를 감당할 길이 없다.
 내년 봄이면 장소를 불문하고 여기저기 싹이 돋고, 뿌리가 내렸다하면 적군처럼 진을 치고 또 기어 올라오겠지. 잡초들과 한바탕 사투를 벌이고 기운이 빠져 실없이 식물온실로 걸어오는데 어디선가 "저 여기 있어요!"라며 나를 부르는 향기가 코앞을 스쳐간다.
 어디서 나는 향기지? 사방으로 코를 킁킁거리며 향기가 진해지는 쪽을 따라 발길을 옮기다보니 발렌타인자스민(정명 듀란타, 학명 Duranta reptans)나무 가지 끝에 보랏빛 꽃들이 조로록 길게 늘어져서 은은한 초콜릿 향을 바람에 하늘하늘 실어나르고 있다. "저도 있어요!" 몇 발짝 발길을 옮기니 주황빛 머금은 쌀알 같은 꽃을 피운 금목서나무가 상큼하고 달달한 복숭아 향기로 나를 유혹한다. 저 쌀톨 만큼 작은 꽃에서 어찌 이런 향기를 머금고 있단 말인가? 이렇듯 사람처럼 나무도 저마다의 이름에 향기와 개성을 달고 묵묵히 살아간다.

 춘천의 겨울은 매섭고 차다. 얼른 가지치기도 하고 영양제도 올려주고 서리 내리기 전에 온실 안으로 들어가자꾸나.
 분주한 손길과 함께 귓가에는 이양하의 '나무'가 생각난다. '나무는 고독을 안다. 서로 마주 보기만 해도 기쁘고 일생을 이웃하고 살아가도 싫증나지 않는 참다운 친구다.'

 내게 꽃과 나무는 20여년을 나와 함께 살아온 식솔들이며 친구다. 그들에게 내 그리움을 담아 매일매일 일기를 쓴다. 그러기에 이 아이들은 내 희로애락을 안다.
 시월이면 괜스레 마음이 스산하다. 이른 아침 회색빛 안개 사이로 언뜻언뜻 보이는 그이의 모습.
 십 년 전, 시월 어느 날 아침 눈도 뜨지 못한 채 옆에 누웠던 남편은 119구급차로 병원에 실려 간 후 40여일의 사투 끝에 먼 곳으로 먼저 보내야 했던 이별의 아픔과 슬픔을 오롯이 알고 있다. 그렇게 우리는 아픔을 나누며 가족이 되었고 친구가 되었다.

 어느 날 일기장에는 진분홍 작약꽃 포개진 꽃잎 사이사이로 연백색 크림토핑을 올린듯한 소르벳 겹작약의 탐스럽고 달달한 향기를 맡으며 아버지를 그리워했고, 단아한 자주색 작약꽃에서 어머니를 그리워한다. 지금은 하늘 높은 그곳에서 막내사위도 만나시고 재미있으시겠지요.

어린 시절 고택에는 사시사철 꽃이 가득했었다. 봄이 오면 노란 수선화와 개나리, 여름이면 붓꽃과 작약, 가을이면 구절초와 국화꽃들이 자기들의 계절 햇살 가득 머금고 아름다운 자태를 뽐냈다. 그 정서를 담아 노후에도 꽃들과 함께 하는 복을 누리고 사는지도 모르겠다. 이심전심으로 살아가는 우리는 바람 속의 먼지처럼 내 삶이 힘들 때 읽은 니체의 '운명을 사랑하라'는 철학적인 교훈을 생각하며 이겨내고자 한다.

태어나고 죽는 것이 세상의 이치인 것을 늘 자각하며 여름 내내 불볕더위를 버티고 살아냈다. 머지않아 혹독하게 추운 겨울이 올 것이다. 우리 함께 따뜻한 온실 연탄난로 위에서 고구마 굽고 땅콩 까먹으며 도란도란 옛날 얘기 나누며 살자꾸나.

올 겨울은 더 춥다기에 벌써부터 걱정이다. 곁에 든든한 아들이 있어 다행이지만 밤새 온실 온도를 수시로 확인을 해야 하기에 쪽잠을 자야하고, 눈이라도 많이 내리면 길 위의 쌓인 눈을 쓸어내느라 밤새 고생할 아들을 생각하면 가슴이 아프다.

다시 봄이 오면 맑은 소양강 물 아래 의암호 물안개가 마음을 적실 것이요. 물병아리 떼 지어 노는 모습도 기다리며 슬기롭게 이겨내 보자꾸나.

우리는 20여 년 전 춘천으로 이사 온 후 늘 행복한 꿈을 꾸듯 안개마을의 낭만을 즐긴다. 해질녘 서쪽하늘 산자락 위에서 반짝

빛나는 금성 개밥바라기를 바라보며 아들과 함께 집으로 향하는 퇴근시간이 하루의 행복한 선물이다.

인생은 새옹지마라고 하지 않던가. 좋은 날이 있는가 하면 궂은 날도 있듯이 아들과 딸, 사위, 두 손주 우리 가족들은 하나로 뭉쳐 낮에는 직장에서, 학교에서 각자 열심히 일하고 누구든 일찍 퇴근해서 먼저 오는 사람이 저녁 준비를 한다. 그리고, 휴일에는 딸이 새로운 레시피로 특선요리를 선보인다. 대신 설거지는 아들 몫이고 다음날 아침은 내 차지다.

나는 텃밭에서 기른 채소로 나물요리를 자주 하는데 손주들은 나물반찬을 좋아하지 않고 서양요리에 길들여진 엄마표 식단을 즐기는 편이라 그게 살짝 아쉽다. 대신 아들과 사위가 좋아하니 위안을 삼는다.

여중생이 된 큰 손주는 매사에 모범생이다. 약간 노르스름한 피부색에 까맣고 진한 눈썹과 선명히 똘망한 두 눈, 오똑한 콧날, 앙다문 돛단배 입, 까만 머리칼을 보면 성깔이 있을 듯 한데 참 유순하며 지혜로운 아이다. 열심히 공부해서 지난 1학기에는 학업우수상을 받아와서는 쑥스러운지 나지막이 "엄마. 이거요."라며 상장을 내미는 의연한 아이다.

4학년 작은 손녀는 언니의 바른 인성을 닮아가려고 애쓴다. 개구쟁이 철부지인 줄만 알았는데 점점 철들어가는 모습도 사랑스럽다. 아이들이 바르게 잘 자라주는 모습을 보면 키운 보람이 있어 행복하다.

가족들이 함께 작은 텃밭을 가꾸는 과정에서 협동심도 생기고 건강한 삶이 오늘의 우리를 지탱해 내는 커다란 에너지를 만든다. 인간에게 땅은 영원한 모성. 흙에서 곡식을 얻고 함께 나누며 건강하게 살아간다.

봄에 씨 뿌려 싹을 틔우고 꽃과 열매를 맺는 순환의 과정을 직접 보며 삶의 이치를 깨닫는다. 또한, 자연에서 얻는 겸허와 기다림, 베품을 배운다.

열심히 한 주를 보내고 금요일 저녁이면 주말부부 사위도 먼 경주에서 올라와 딸들과의 애잔한 상봉. "아빠!"하며 반기는 딸들과 덩달아 신나서 깡충깡충 갖은 애교를 부리는 귀염둥이 말티즈 구름이까지 일곱 대가족이 행복하게 기다려 온 금요일 저녁 풍경이다.

神이시여! 우리 모두에게 평화와 영광을 주시오소서.

느린 우체통

풍경소리 그윽한 스승의 그늘을 찾아 양주산방 고택 처마 끝에 하늘과 맞닿은 동녘 햇살이 눈부시다.

　너른 들판에 모내기 논 이랑 사이로 상큼한 오월의 바람이 분다.
　욕심 없이 자연을 벗 삼아 스승의 산방은 소박하다. 가는 곳마다 江이요, 山이요, 海다.

　아, 다시 머물고 싶은 동해바다. 향긋한 갯내음과 비린내 나는 해산물. 여기가 내 고향인 듯 정들어가는 내 마음.
　하조대 삼림욕을 하며 내려오는 산 속 카페에서 옥수수 막걸리 한잔에 감자전. 윤, 김, 박, 연, 허와 스승은 탁주 술잔 한껏 올려 '위하여'를 외치던 그날의 아름다운 추억들.

일흔을 넘긴, 아직은 소녀이고 싶은 그녀들과 하조대 등대 아래 '느린 우체통'에서 엽서 한 장씩을 써서 보냈다.

나의 사랑하는 아들, 딸에게.
바쁜 일상 속에 까맣게 잊고 있었던 정겨운 엽서가 일 년이 지난 오늘 도착했다.

느린 우체통이 가져다 준 행복한 지난 해 오월의 추억이 나의 맑은 영혼을 깨운다. 돌이켜 생각해보면 지난 한 세월을 정리하고 이곳 강원도로 자리를 옮겨 떠나온 것이 정말 잘한 일이고, 다시 일어설 수 있는 디딤돌이었고 인연이다.
〈강원도가 좋다〉 아이들의 本鄕도 강원도 영월이다.
물 좋고, 경치 좋고, 인심 좋은 이곳에서 만난 나의 스승과 문우들. 그리고, 文學을 만나 노년에 또 다른 인생을 즐기고 있다.

하조대의 유래를 설명해주시는 스승 곁에서 우리 다섯 제자들은 바다를 바라보며 한없은 행복감에 젖어본다. 조선의 개국공신 하륜과 조준이 태종치세 말년에 휴양하던 곳이라 하여 두 사람의 성을 따서 '하조대'라 명명하게 되었고, 양양팔경의 하나이며 명승 제68호로 지정되어 있다.
주위에 울창한 송림 배경으로 상큼한 바닷바람의 향기를 맡으며 카메라로 추억을 남기고 마시던 커피 한잔의 여유, 그날의 추억들이 아련하다.

환경호르몬

환경호르몬.
 네이버에 검색을 해보니 내분비계 장애물질을 '환경호르몬'이라고 한다. 환경호르몬은 생명체의 정상적인 호르몬 기능에 영향을 주는 체외화학물질을 말하며, 이 물질은 생체 내의 내분비계 기능에 영향을 미쳐 정상적인 개체나 그 후손들의 생장, 생육에 장애를 유발한다.

 어느 날은 TV에 나오는 환경문제 관련 다큐를 보다가 불현 듯 물질만능이 주는 편리함에 익숙해져서 아무런 거리낌 없이 사용해온 비닐과 플라스틱, 온갖 일회용품들을 보며 우리의 일상생활이 자연스럽게 환경호르몬에 노출되어 가고 있었다는 것을 느끼게 된다. 무심코 한 번 쓰고 버리는 종이컵이나 영수증 용지에도 환경호르몬이 검출되고 있다는 것을 모르고 있는 사람도 있었다.

 며칠 전, 손주들이 쓰는 비데용 물티슈가 내심 염려가 되어 포장지를 들여다본다. 깨알만큼 작게 쓰여진 글씨들을 안경을 추켜가며 읽어보니 자연유래성분이 함유되어 피부에 자극이 적어 연약한 아이들의 피부에 좋고 고급 친환경 펄프를 함유한 원단을 사용하여 변기에 넣어도 안심할 수 있다고 되어있었다. 당연히 물에 녹아서 내려가는 줄 알았다.

그런데, 아이들이 화장실을 사용하고 나면 변기가 막히는 일이 자주 발생했고 그때마다 아들은 투덜거리면서도 뚫어줬다. 한 달에 서 너 번을 고생해서 뚫는 일이 발생하다보니 마음이 편치 않아서 대야에 물을 받아놓고 물티슈를 넣어봤다. 하루종일, 아니 몇 날 며칠을 담가놔도 물에 녹지 않고 그대로 둥둥 떠있다. 손으로 휘휘 저어보기까지 했는데도 형태는 풀어지지 않고 휘저은 대로 뭉쳐진 상태를 유지하고 있었다.

우리가 흔히 사용하는 얇은 화장지처럼 풀어지지 않는 것을 눈으로 직접 확인한 후 저녁식사를 하고 둘러앉아 저녁뉴스를 보면서 얘기하기로 마음 먹었는데, 과연 아이들이 이 사실을 얼마만큼 심각하게 받아들여줄 것인지, 이미 길들여진 습관을 고치는데 얼마나 많은 시간이 필요할지도 모를 일이었다. 뿐만 아니라 아이들이 먹는 과자봉지나 택배포장지 다량 배출도 문제이기에 최대한 줄여나가는 것이 우리 가족의 공동과제가 되었다.

여름 식탁 위 쌈채소들을 풋내날 정도로 씻고 또 씻고 식초물에 헹구어 식탁에 내어놓아도 걱정되는 요즘이다. 딸이 출근할 때 매일 뿌리고 나가는 향수는 괜찮은 것인지, 화장품은 또 괜찮은지 내심 신경이 쓰인다.

아침마다 주방에서 무심코 사용하던 플라스틱 도마를 나무도마로 교체하고, 가벼워서 자주 사용했던 플라스틱 밀폐용기도 유리나 스테인레스 재질로 차츰차츰 바꿔야할 것 같다. 물론, 이미 사용하던 것을 버리는 것도 못할 일이다. 한번 쓰고 버리는 일회용품들은 최대한 자제하며 아픈 지구를 조금이라도 덜 아프게, 나아가서는 살리는데 조그마한 실천에 힘을 보태야 한다.

 금요일 아침을 맞는다. 열심히 일하는 아들, 학교에 가는 손주들, 부랴부랴 출근하는 딸, 주말을 맞아 저녁에 올 사위를 위해 냉장고를 열어 건강한 식탁, 덜 부담스러운 상차림을 고민한다. 오늘 저녁에는 텃밭에서 풍성하게 뜯어온 싱그러운 채소들로 야채샐러드를 맛있게 만들어 신선한 포만감을 주자. 탄수화물을 줄여나가는 것도 건강과 환경에 일조할테니까.
 이면지 활용과 음식은 조금씩 먹을 만큼만 만들어 음식물 낭비를 줄여보기로 한다. 책임감 있는 나의 주방철칙이지만 좀 더 노력해서 실천하자. 배기가스를 줄이기 위해 친환경 전기차, 수소연료전기차로 차를 바꾼 것도 조금은 불편함이 있지만 잘한 것이라고 생각된다. 배기가스 냄새 걱정도 없고 엔진오일 교체로 인한 유지보수비용이나 폐기물에 대한 걱정도 한결 덜었다. 물론 차량 이용은 꼭 필요할 때에만 하는 것이 우선이겠지?
 우리 가족만이라도 작은 것 하나부터 개선하고, 실천하며 건강한 지구를 위해 노력하기로 결심한다.

서평

허시란 에세이집
〈비자나무가 되고 싶어〉에 부쳐

|서 평|

허시란 에세이집
〈비자나무가 되고 싶어〉에 부쳐

이복수 박사·평론가
(강원문협 자문위원)

1. 고향, 그 영원한 노스텔지어

 봄내 춘천에서 활발한 시니어 작가로 활동을 해오고 있는 난형 허시란 수필가의 두 번째 문집, 『비자나무가 되고 싶어』를 상재한다. 이 문집은 그녀가 일흔이 넘은 생애에 세상에 내놓는 자전적 이야기이다. 그런 까닭에 '작가의 말'에서 보듯 글쓰기에 도전한 시니어 작가로서 그녀는 자신의 외모와 언행처럼 매사에 늘 과묵하고 올곧고 당찬 자세로 평생을 살아온 만년 꽃집 아가씨이다.

 저 남녘 당항포 앞바다가 내려다 보이는 고택古宅에서 육남매의 막내로 태어난 어린 소녀 난형 수필가에게는, 늘 '꿈 너머 꿈'이 하나 있었다. 그것은 한학을 하신 선친의 유지를 이어 언젠가 詩文의 길로 들어서는 일이었다. 그러나, 그 꿈은 거친 도회의 삶 속에서 파편처럼 흩어져갔다. 쉰이 넘어 찾아온 강원도 춘천에서 남편과 함께 꽃집을 운영하며 아내로서, 두 아이의 엄마로서 살아가던 어느 날 갑자기 다가온 남편의 소천- 그 한없는 절망 앞에서 속절없이 무너져 내릴 수는 없었다.

인간의 타고난 운명이 각자 다르듯이 한 여인으로서 성장기를 거쳐 어른이 되면서 차츰 인생이 버겁고 때로는 무서웠지만, 이제 노년에 다시 찾은 인문학의 향기 속에서 새로운 청춘을 맞는 그녀 - 오늘의 그녀를 지탱케 하고 구원해준 것은 고향이었고, 늦깎이 문학의 길이었다. 그런 까닭에 고향은 누구에게나 영원한 노스텔지어가 아닐 수 없다. 여기에 더하여 문학이 있었기에 인생의 악천후와 고갯길에서 한 발짝 한 발짝 내딛고 수용하며 당당히 일어설 수 있는 힘과 용기를 얻을 수 있었는지 모른다.

2. 고택 안마당, 유년의 풍경소리

난형 수필가는 혼자 된 외로운 삶에 힘들고 지칠 때마다 떠나온 남녘 고향 고택 안마당 유년시절의 풍경소리를 찾아 떠난다. 경남 고성 당항포 앞바다 어린 시절을 그리며 유년기를 회상한다. 한학자인 〈아버지의 선물〉과 평생 고생만 하신 〈어머니의 다듬이 소리〉, 〈낡은 재봉틀 앞에서〉, 아버지의 유지를 계승한 〈이회서당 이야기〉와, 〈여섯 남매의 꿈동산〉 등 애틋한 가족사랑 이야기들이 그것이다.
특히, 여섯 남매의 막내로 태어난 작가에게 있어 어머니는 일흔 세 살 소녀가 된 지금도 애절한 그리움과 회한의 사모곡으로 남아 있다.

동서고금을 막론하고 어머니를 향한 그리움은 끝이 없다. 그것은 무엇으로도 설명할 수 없는 영원한 아픔인지 모른다. 서정주 시인은 '네 꿈의 마지막 한 겹 홑이불은 영혼과 그리고 어머니 뿐이다'라고 말한다. 이중삼은 '내 자라 어른 되걸랑은 천년만년 어머니와 행복하게 살겠다던 골백번 언약이 왜 그리 낯이 선지, 길은 석양을 짊어지고 가슴 북치는데 어머니는 저 먼 눈빛으로 하늘 끝만 보입니다'라고 통곡한다. 어머니에 대한 통절한 그리움이 담긴 작품이 〈어머니의 다듬이 소리〉와 〈낡은 재봉틀 앞에서〉이다.

어느 새 창 넘어 밤바람이 차다. 추석이 코앞에 다가오니 불현듯 향수병이 또 도지나 보다.

나는 왜 철없던 소녀적 감성으로만 사는 걸까? 아마도 그 시절이 나에겐 최고의 황금기였던 모양이다. 추석 명절이 다가오면 아련한 어린 시절의 풍경화가 펼쳐진다.

빗살무늬 방문마다 한지로 새롭게 단장해서 창호지를 바르고, 곳간엔 가마니를 깔고 놋그릇을 반짝반짝 닦던 일, 할머니 방 실경 위 누에 방에서 밤낮없이 뽕잎을 하마처럼 갉아먹던

꼬물꼬물한 연두색 얼룩무늬 누에. 어느새 그 누에가 고치를 땅콩집처럼 만들었다.

그 하얀 집을 할머니는 가마솥에 쪄서 물레를 돌려가며 명주실을 뽑는다. 무엇으로 옥색물을 들였는지 기억이 안 난다. 옥색 명주로 곱게 풀을 먹여서 개기고 어머니의 물뿌리는 소리

푸우 푸우 들려온다. 발로 꼭꼭 밟아 다듬이 돌 위에 무명천 깔고 할머니와 어머니, 별로 살갑지 못한 고부 사이였지만 엇박자 장단에 맞춰 투닥투닥 경쾌한 다듬이 소리 정겹게 들려온다.

추석에 입을 아버지의 옥색 도포를 만드느라 효성스런 언니들. 친정집으로 호출이다. 그리고 몇 날 몇 일 밤낮 드르륵드르륵 재봉틀 소리 밤새도록 들려오고 세 모녀의 시집살이 얘기에 한숨이 절로 나는 어머니는 "할 말 많지만 참고 살아라." 두 딸에게 타일러 주시던 그 말마디.

막내는 잠결에 어렴풋이 듣는다.

— 〈어머니의 다듬이 소리〉 일부

난형 수필가는 남편의 사업 실패로 힘들 무렵, 어깨 너머로 배운 바느질과 어머니의 손재주 유전자 덕분에 재봉틀 한 대로 앞치마, 베개 커버, 이불 커버, 방석 등의 생활소품을 만들어 팔고, 옷 수선 일을 하며 생계를 이어가며 남편의 빚을 차근차근 갚아낸 눈물과 땀의 사연과 손때가 사연이 오롯이 묻어있는 터라 지금까지도 보물처럼 아끼고 있다.

이처럼 낡은 재봉틀은 무일푼으로 일어설 수 있게 해준 고마운 존재이니 차마 낡은 재봉틀이지만 버릴 수가 없다며, 매일 같이 어머니를 보듯 어루만지고 먼지를 쓸어내며 애지중지 아낀다고 고백한다.

드르륵! 드르륵!

어머니의 재봉틀 소리를 들으며 잠이 들던 어린 시절. 밤새 안 주무시고 가족들 옷을 만드느라 침침한 불빛 아래에서 고단하셨던 어머니. 채곡채곡 접어둔 모시 저고리, 하얀 두루마기는 아버지를 위해 지극하셨던 어머니의 바느질 솜씨의 진수였다. 나 또한 그런 어머니 생각에 오래된 재봉틀을 애지중지 버리지 못하고 있다.

이사 다닐 때마다 이리저리 들고 다닌다.

　방의 반을 차지할 만큼 애물단지이지만 쉬 버릴 수가 없다. 아마도 무일푼으로 일어설 수 있게 해준 고마운 존재이니 어찌 낡은 재봉틀이지만 버릴 수가 있으리오. 동대문 시장 포목점에서 천을 사다가 예쁜 쿠션도 만들고, 간단한 앞치마와 커튼을 만들다가 입소문으로 바짓단 수선이나 지퍼 수선도 하나둘 들어오고 헌옷 리폼까지 했다. 하루에 많게는 40~50만 원까지도 버는 날이 있다 보니 하루라도 빨리 빚을 갚을 생각에 밤낮없이 이 재봉틀을 돌렸다.

　이제는 친정에 손을 벌리지 않아도 될 만큼 안정을 찾았으니 어언 40년 전 얘기다. 참, 지나고 보니 눈물 고인 세월이었다. 친정에서 보내오는 쌀 한 가마니로 근근이 살아 온 지난 날. 그 세월. 그 인고의 시간과 아픔을 함께 버텨왔던 재봉틀이 내 머리맡에 놓여 있다. 매일 같이 어머니를 보듯 어루만지고 먼지를 쓸어내며 애지중지 아낀다.

　딸이 "새로 예쁘고 기능 많은 조그만 미싱 한 대 사드릴게요."라고 하지만 지금도 잘 돌아가는 미싱을 놓고 뭘 다시 사냐고 손사래를 쳤다. 딸도 내게 이 미싱이 가진 의미와 애증의 시간을 알기에 더 말을 더하지는 않는다.

　어머니는 끝까지 나의 버팀목이고 삶의 이정표요, 철학이었다. 꿈에서 어머니를 만나면 그날의 운세가 황금이 되었다. 딸아이 고생이 눈물샘이 되어 매일매일 인편에 보내오신 죽방멸치와 해산물로 아이들의 건강을 챙겼다.

- 〈낡은 재봉틀 앞에서〉 일부

39년 전, 작가는 신혼여행길에서 남해 어느 문방사우점에 들려 필묵을 사들고 고향인 고성 친정 나들이에 나선다. 그때 아버지로부터 '난사형蘭斯馨'이란 휘호를 선물로 받는다. '이 글은 이 다음 아호로 쓰면 좋겠다'는 선친의 말씀에 지금까지 액자에 고이 간직해서 걸어 둘만큼 작가에겐 제1호 가보家寶가 되었다.
　'난의 향기 같은 사람이 되라.'는 '난사형' - 한 달을 애써가며 지으셨다는 친정아버지의 기원을 담아 모진 세파에도 용케 살아난 강인한 蘭이 된 게 아닐까.

　〈이회서당以會書堂〉은 백 년도 지난 한학자 아버지 - '신암' 선생에 대한 이야기다. 선대 침계공 할아버지로부터 밀양, 안동 등지로 젊은 시절 공부를 하러 다니신 후 일본의 식민지에서 막 국권을 되찾아 혼란스럽던 그 시절, 아버지께서는 교육을 받지 못한 청소년들이 안타까워 신계사저新溪私邸에 이회서실以會書室을 개설하였고, 그렇게 사랑채에서 교육을 받고 나간 문하생들만 600여 명이 넘는다.
　한의韓醫와 한학漢學으로 학맥을 이어온 지 한 세기가 지났고, 〈신암 선생문집〉은 詩文으로 넘쳐난다. 곱게 한지로 책을 엮어 일일이 쓰고 만들어 천자문부터 가르치셨던 그 뜨거운 열정, 방학이면 서생들이 쌀자루를 메고 집으로 몰려왔고 어머니와 두 언니는 부엌에서 밥을 해서 대접하느라 분주하셨던 아련한 추억들을 잊지 못한다.

　이제 나도 어느새 망팔望八을 향해 달려가는 시계의 초침 소리처럼 또 한해를 맞았다. 빠르게 변화하는 현대사회는 편리한 만큼의 과제가 산적하다. 오늘도 저 남녘 땅 고성에서 사라져가는 전통문화인 아름다운 선비문화를 꽃피우기 위해, 또 무너지는 사회기강과 윤리를 바로 세우려고 노력하는 후학 동인들이 있다. 백발이 성성한 두 오빠는 퇴직 후 낙향하여 이들과 매주 금요일 두 시간 뜨거운 강론을 펼치고 계신다. 이와 함께 해마다 〈가을문화유적 탐방〉과 〈이회서당 자료집〉을 발간하고 있다. 거리가 멀다는 핑계로 매년 참석하지 못한 채 영구회원으로 아버지를 기리고 있는 나는, 출가외인이란 핑계로 불민한 여식임엔 틀림없다.

　우리집 가산이 기울어 갈 무렵 제자들이 사단법인을 설립하여 스승의 유지를 받들어 박주일배薄酒一杯하시는 제자들과 두 오빠들에게 그저 감사한 마음을 보낸다. 보내온 문집을 펼쳐보면 재미있고 유익한 내용들이 온 지면을 가득 채운다.

- 〈이회서당 이야기〉 일부

3. 만천리의 봄

　'만천리의 봄'에서는 중년여인으로서 봄내 동면 만천리에 터잡아 화원을 운영하며 겪는 삶의 희로애락들 - 일복이 많은 아낙으로 온실의 수많은 식생들을 가꾸는 이야기며, 마흔이 넘도록 장가를 못 간 아들과의 애증의 시간들, 그리고 오월이 오면 생각나는 고향에 대한 향수와 말없이 인내하며 살아온 뒷얘기들이 슬픔처럼 녹아있다.

　난형 작가는 '꽃과 만나는 시간은 무한한 인생의 여정'이며, 그렇기에 '살아 숨 쉬는 잎맥과 공감하며 세상의 이치를 배우고 깨닫는 중'이라고 말한다.

작품으로는 〈기도하는 손 / 꽃대궐 속의 여인 / 나, 야생화의 겨울나기 / 마지막 선물 / 만천리의 봄 / 벚꽃향 날리며 / 봄내 새벽 안개에 젖어 / 봄을 노래하는 우리집 식생들아 / 스위첸 할머니 / 예쁘다 목백일홍 / 제비꽃에게 / 풍물장터 봄나물 / 한 떨기 시계초 꽃〉 등이다.

만천리는 봄내 구봉산 자락 아랫마을이다. 10년 전 환갑을 갓 지난 해 봄, 작가는 서른을 훌쩍 넘긴 아들과 도로변 밭떼기를 구입해 꽃농원을 이전했다. 꽃집 이름도 꽃으로 온 세상을 밝히고 아름답게 누린다는 뜻을 담아 〈꽃누리〉라 지었다. 찾아오는 손님들이 "사장님! 꽃집 이름이 예뻐요." 하는 칭찬에 힘이 나기도 하지만, 어느 가게보다도 손이 많이 가는 직업이 꽃집 경영이다. 그런 소회를 그린 작품이 〈만천리의 봄〉이다.

'논의 벼들은 주인의 발자국 소리를 들으며 자란다'는 옛말이 있듯, 화원의 꽃나무들은 한시도 주인 아낙의 손길을 애타게 기다리며 살아간다. 마치 갓난아기가 배고픈 입을 벌리며 옹알옹알 배냇짓 하듯 얘네들도 자기만 바라봐 달라고 잎사귀로, 가느다란 나뭇가지로 손짓한다. 수천 그루 아이들이 화분 속에서 '나'만 바라보고 있으니, 어찌 한시도 게으름을 피울 수가 있으리... 물론 아들이 곁에서 함께 일을 거들고 있지만, 엄마처럼 그렇게 식생들을 자식같이 대하는 잔잔한 모성은 없다. 결국 내가 뒷마무리를 해줘야 화원의 작업들이 말끔히 정리가 된다. 고생을 사서 하려면 과수원을 하라고 하지만, 꽃집도 이에 못지않게 잡다한 일들이 많다. 아침 일찍부터 그 많은 꽃나무 화분들을 온실 밖으로 내놔야 하고, 저녁이면 다시 안으로 들여야 한다. 이런 노고를 하루도 거르지 않고 해낸다는 것은 중년을 넘긴 나이로 힘에 부친 일이 아닐 수 없다.

(중략)

어느 시인은 '겨울이 가면 봄도 머지 않으리'라고 했다. 이 겨울이 지나면 만천리에 다시 봄은 찾아오리라. 꽃 농원의 내 꽃자식들도 다시 새싹을 틔울 것이고, 나의 노년은 호두알처럼 더욱 '견고한 고독' 속으로 빠져들 것이다.

– 〈만천리의 봄〉 일부

4. 길 위에서 만나는 풍경들

우리가 살아가면서 만나는 길 위의 풍경들은 다채롭고 다양하다. 난형 작가가 길 위에서 만난 풍경들은 무엇이었을까… 김유정의 슬픈 넋을 찾아가는 실레마을 탐방기, 가족들과 함께 떠난 오월 낙산사와 자작나무 숲에서 만난 자연 속 풍경소리, 그리고 고향 여고 동창들과 강촌, 화천기행을 하며 중년 아지매들의 맛난 수다 이야기 등에서 작가의 생각을 엿볼 수가 있다.

작품으로는 〈김유정, 그 실레길을 찾아 / 깊은 가을, 배론성지를 찾아서 / 첫 문학기행, '강원도 고성을 찍다' / 바람의 언덕 태백을 가다 / 비자나무가 되고 싶어 / 성지순례, 풍수원 성당을 다녀오다 / 여기가 낙원 / 오월에 떠난 안면도 기행 / 유자청 담그던 날 / 정선 아리랑 / 허균, 그리고 이달의 발자국 / 화천 탐방〉 등이다.

그 중에서도 〈비자나무가 되고 싶어〉는 이즈음 生을 관조하며 성찰한 작품이라 하겠다.

작가는 지난 초겨울 제주 평대리 〈비자나무숲〉을 보며, 긴 세월 나의 삶도 저 말없이 서있는 비자나무처럼 묵묵히 살아냈다는 생각을 한다. 때로는 흔들릴 때도 쓰러질 듯 힘겨운 현실 앞에서도 겨울산처럼 꿋꿋하게 묵언정진하며 구도하는 비자나무를 닮고 싶었다. 하루 스물네 시간이 부족하리만치 치열하게 살아온 삶 속에서 희망의 끈을 놓지 않으려 무던히 애쓰며 홀로 된 여인의 삶 10년과 문학을 향한 목마른 갈증...

작가는 '여행은 꿈도 꿀 수 없는 현실이었지만, 다행히 농원의 꽃들과 초록이들을 자식처럼 키우면서 무너지려는 심신을 다독여 간다. 그들과 열심히 공감하고 새로운 인생을 배워가며 사는 내게 이 아이들은 또 다른 스승이었다'고 고백한다.

성산 일출봉을 들렀다가 오는 길에 800년 된 비자나무 울창한 비자림으로 향한다. 그곳에서 황금 같은 휴식을 취하며 잠시 나를 되돌아본다. 혼자 된 삶이 결코 쉽지는 않았지. 텅 빈 고독을 잊으려고 꽃나무들에게 더 많은 애정의 손길을 보냈고, 노년의 글쓰기로 문우들과 즐거운 시간들을 보내려 하고 있지. 이만하면 행복한 신중년이 아닐까 나름 자위해보지만, 마음 한구석 허전함을 차마 비워낼 수가 없다.

그래, 난 지금 어디쯤 와 있는 거지... 비자나무 숲속에서 갑자기 울고 싶어졌다. 저들은 팔백 년이란 장구한 세월 속에서 얼마나 많은 고통의 시간들을 견디며 살아왔을까. 나무는 그가 태어난 곳을 탓하지 않고 평생 묵언수행하며 홀로서기를 하는데... 난 팔십도 못 산 나이에 아직도 헤매고 있으니 나무보다 못난 사람이다.

이 나이에 아직은 내가 건강한 몸으로 걷고 일할 수 있는 것에 그저 감사하며, 비자나무 그늘 아래서 '새'가 되려한 생각을 버린다. 저 비자나무처럼 맑고 인내하는 나무가 되고 싶다. 길 위의 '고독한 현자'가 되고 싶다.

- 〈비자나무가 되고 싶어〉 일부

5. 야생화 인생을 살며 남기고 싶은 이야기

난형 수필가는 현재 꽃집 농원을 운영하는 자신을 '야생화 인생'이라고 말한다. 들녘에 홀로 핀 저 들꽃 - 野生花처럼 살며 남기고 싶은 이야기는 무얼까… 〈꽃물 든 일기장 / 여름날의 편지 / 자화상 / 도시농부의 주말농장 / 가온이와 해온이 / 감자꽃처럼 소박하게 / 느린 우체통〉들이 그것이다.

작가는 이제, 일흔을 넘어 미처 말하지 못한 저 가슴 속 깊은 곳에 응어리진 이야기들을 끄집어 세상 밖에 내놓고 싶다. 〈꽃물 든 일기장〉에는 지난 20여 년간 꽃나무들과 함께한 시간의 기억들이 남아 있다.

사람처럼 저마다의 이름에 향기와 개성을 달고 묵묵히 살아가는 화원의 꽃과 나무들은 작가의 식솔이자 친구들이다. 그들에게 자신의 그리움을 담아 매일매일 일기를 쓴다.

어느 날 일기장에는 진분홍 작약꽃 포개진 꽃잎 사이사이로 연백색 크림토핑을 올린 듯한 소르벳 겹작약의 탐스럽고 달달한 향기를 맡으며 아버지를 그리워했고, 단아한 자주색 작약꽃에서 어머니를 그리워한다.

　어린 시절 고택에는 사시사철 꽃이 가득했었다. 봄이 오면 노란 수선화와 개나리, 여름이면 붓꽃과 작약, 가을이면 구절초와 국화꽃들이 자기들의 계절, 햇살 가득 머금고 아름다운 자태를 뽐냈다. 그 정서를 담아 노후에도 꽃들과 함께 하는 복을 누리고 사는지도 모르겠다.

　이심전심으로 살아가는 우리는 바람 속의 먼지처럼 내 삶이 힘들 때 읽은 니체의 '운명을 사랑하라' 는 철학적인 교훈을 생각하며 이겨내고자 한다.

- 〈꽃물 든 일기장〉 일부

　난형 허시란 수필가의 글은 행간마다 진솔함이 묻어난다. 이는 그 속에 진한 휴머니티가 자리잡고 있기 때문인지 모른다. 이런 추측이 가능한 것은 작가에게서 풍기는 인간적인 진솔함에 기인한다. 일찍이 프랑스 박물학자 뷔퐁은 '글은 곧 글쓴이의 인격'이라고 말한 바 있다. 그녀의 글을 대하고 있노라면 그런 품격이 느껴진다. 아마도 시문에 능한 선친 '신암' 선생의 문학적 DNA와 무관하지 않다 하겠다.

　수필은 자신의 삶을 토로하는 자기 告白의 문학이다. 문학의 장르 중 픽션인 소설과 달리 수필은 사실적 체험을 토대로 쓰는 논픽션 글이기 때문에 독자는 작품을 통해 작가의 진솔한 삶과 내면을 만나게 되고 함께 공감하는 것이다.

그렇기에 작가의 작품들은 그가 살아온 삶과 무관하지 않다. 우리는 수필작품을 통해 작가의 정신적인 배경과 그의 삶에 대한 철학과 사상을 엿볼 수 있다. 그의 진솔한 내면을 들여다볼 수 있으며, 작가가 살아온 시대상황과 고뇌 그리고 삶의 모습과 태도까지를 작품을 통해 알 수 있다.

사무엘 울만이 우리에게 말한다. 사람은 언제 늙어 가는가. 우리는 세월만으로 늙어가는 게 아니라 열정을 잃는 그 순간 비로소 늙어간다. 따라서 '청춘靑春'이란 단순히 나이의 적고 많음에 따라 결정되는 게 아니라, 꿈과 이상과 열정을 가졌는가에 따라 정해진다. 그런 의미에서 누구보다 열정의 에너지가 충만한 난형 수필가야말로 영원한 청춘이자 만년 소녀라 할 것이다..

이상에서 난형 허시란 수필가의 글을 일별해 보았다. 난형 수필가의 작품에서 일관되게 유지되는 것은 인간과 사물, 특히 어머니와 고향에 대한 따뜻한 시선과 애틋한 그리움이다. 아울러 일상적인 체험 속에서 겪는 삶의 의미들을 탐색하고 천착하려는 노력을 기울이고 있다. 행간마다 읽혀지는 그녀의 휴머니티에 박수를 보내며 에세이집 발간을 진심으로 축하드린다.

늘 사색하며 탐구하는 올곧은 자세의 화신化身인 난형 수필가, 그녀의 세 번째 문집이 벌써부터 기다려지는 소이所以가 여기에 있다. 글쓰기는 神이 주신 축복이지만, 그 뒤안길은 '피를 찍어 쓰는' 형극의 가시밭길이 아닐 수 없다.

앞으로 더 넓고 더 깊은 수필의 세계 속으로 沈潛하여 문학이 작가의 삶에 함박꽃처럼 핀 꽃자리가 되기를 기원해 마지않는다.

「춘천; 문학을 노래하다 Ⅱ」

시, 망초꽃이 선정, 작곡 및 발표회를 열다

일시 : 2025. 7. 3. 19시 30분
장소 : 춘천문화예술회관
공연 : 춘천시립합창단
작곡 : 박하얀 작곡가

춘천; 문학을 노래하다 II

작 곡 **박하얀**

- 한양대학교 작곡과, 동대학원(음악학과 작곡전공) 졸업
- 가톨릭대학교 교회음악대학원 합창지휘전공 PDP Diploma
- 제29회 창악회 작곡 콩쿨 우수상
- 평창세계청소년합창페스티벌, 원주·군산·나주·안양·춘천시립합창단, 제주도립서귀포예술단, 한국남성합창단 등 다수의 합창단에서 작품 연주
- 한국합창작곡가협회(KCCA) 정회원, Vocal Ensenble Seoul 작곡가

망초꽃

허시란 시

하얀 그리움 바람에 실려
등 뒤에 서면
따스한 어머니 그림자

청보리밭 아랑사이로
황금빛 햇살이 눈부시다

일렁이는 추억너머
함박꽃처럼 다가오는
들판 계란꽃 닮은 망초꽃
어머니 모습으로 다가온다

망초꽃 한 아름 안고
시원한 청보리밭에 누워
하늘을 본다.
뭉게구름 사이로
상큼한 바람이 인다

곡 소개

하얗게 핀 망초꽃은 초여름 들판의 햇살 아래 소박하게 고개를 내민 채, 조용히 그리움을 품습니다.

청보리밭 사이로 불어오는 상큼한 바람, 눈부신 황금빛 햇살, 뭉게구름 아래의 평화로운 하늘. 이 곡은 그런 풍경 속에서 피어나는 기억과 화해의 노래입니다.

작은 들꽃 한 송이가 건네는 따뜻한 인사처럼 망초꽃은 잊고 지냈던 마음의 풍경을 다시 불러옵니다. 그 속에는 어머니의 모습, 오래된 그리움, 그리고 스스로를 다독이며 나아가는 화해의 걸음이 담겨 있습니다.

『망초꽃』은 초여름 자연의 이미지를 따라 따뜻하고 밝은 선율 위에 그리움과 평화를 그려낸 합창곡입니다. 기억을 기쁨으로 노래하고, 꽃처럼 소박한 사랑과 다정한 화해의 메시지를 전하고자 합니다.

춘천을 담은 문학
합창으로 다시 피어나다

춘천; 문학을 노래하다
두 번째 시리즈는 시와 소설을 합창으로 봄내를 기억합니다.

특별히 소설가 김유정의 「홍길동전」을 합창으로 새롭게 풀어내고,
춘천 시인들의 작품은 섬세한 화음으로 불려지게 됩니다.
문학이 전하는 울림, 합창이 전하는 감동.
춘천의 정서를 노래하는 특별한 공연에 여러분을 초대합니다.

참여작가

소설가 故김유정

작가 조정일

시인 김 빈

시인 신준철

시인 탁운우

시인 허시란

지휘 최상윤

춘천시립합창단

입장료
춘천시민 1만원 그 외 지역 1만5천원
* 정기회원 가입시 선예약 및 티켓제공

* 초등학생 이상 관람가능
* 학생 및 경로, 단체할인 등 자세한 할인 내용은 홈페이지 참조

인터넷예매
춘천시립예술단 홈페이지
www.ccart.kr

공연 문의
춘천시립합창단
033-259-5877 / 5874

정기회원가입

가족 축하의 글

그 숲을 같이 걷고 싶음에

엄기웅

　매주 금요일. 어머니께서 일주일 중 가장 바쁘신 날입니다.
　문예창작반 수업을 들으러 가시는 날이기 때문에 그 어느 날보다 이른 새벽에 일어나서 기도를 하고 일주일 동안 쓰고 다듬었던 글을 한 번 더 읽어본 후 자식과 손주들을 위해 아침밥을 준비하시는 일상의 시작이 어머니 글을 하나 둘 읽어보면 느껴집니다.
　미사여구의 화려함보다는 읽다 보면 편안하고 쌀밥처럼 구수한 우리 가족의 이야기, 꽃집 이야기가 슬며시 올라가는 입꼬리를 당해낼 재간이 없습니다.

　봄여름가을겨울 일 년 열 두 달.
　거의 매일 같이 붙어서 복작복작거리며 살고 있는 우리 가족. 하늘에서 흐뭇하게 내려다 보시고 계실 아버지까지 어머니 글 속에는 가족의 사랑이 깨알 같이 박혀있습니다. 그래서 더 소중한 어머니의 글이 아닌가 생각합니다.

어머니의 작품원고를 가장 먼저 접하는 특권을 제가 받습니다. 먼저 읽어보고 소감을 서로 소통하고 다듬기를 하며 그렇게 어머니의 작품이 켜켜이 쌓였습니다.

올해 어머니의 두 번째 문집은 좀 더 다른 의미로 제게 다가옵니다. 첫 문집을 내실 때에는 막연히 교정만 봐드렸지만, 이번 문집을 준비하는 과정에서 어머니께서 얼마나 많은 고민을 하며 글을 썼고 몇 번이나 쓰다 지우고 다시 쓰기를 하셨는지를 확실히 알게 되었습니다.
어머니의 문집이 교정을 여러 번 거치면서 차츰차츰 단단해지고 향기를 더해가는 것을 보니 자식으로서도 뿌듯합니다.

어머니의 두 번째 문집 『비자나무가 되고 싶어』가 이 세상에 나올 수 있게 된 것을 축하드리고 어머니의 글 속에서 함께 그 숲길을 걸어보고 싶습니다.
늘 존경하고 사랑하는 어머니. 언제나 건강이 먼저입니다. 건강하시고 앞으로도 꽃과 나무들과 함께, 벌과 나비들과 함께 자연을 벗 삼아, 산과 강을 글감 삼아 그렇게 재밌게 살아보아요.

동생은 올해 들어서 주말도 없이 회사일이 바빠 축하글 한 편 써 올리지 못해서 죄송하다며 출근길에 어머니께 용돈을 안겨드리며 안아드렸다는 얘기를 들었습니다. 가족들과 멀리 떨어져 일하느라 매제도 매주 멋들어진 텃밭 정원에서 맛있는 저녁식사로 어머니의 문학 활동을 응원합니다.

돛단배 웃음으로 어머니의 활력이 되어주는 두 손주 가온이와 해온이, 매일 저녁 퇴근하면 그 누구보다 가족을 반겨주는 몽실몽실 구름이까지 온 가족이 어머니를 응원합니다.

다시 한번 어머니의 애정 어린 수필집 출간을 축하드리며, 어머니의 아들과 열혈독자로서 늘 응원하고 사랑합니다.

2025년 7월 7일.
편히 잠들어 계신 홀어머니를 보며 아들 올림.

클레마티스

엄기숙

2022. 5.13 금요일 구름.

어제 엄마는 낮게 뜬 구름처럼 상심해 있었다. 가온이가 "오늘 할머니가 왜 이렇게 말을 안하셔?" 라고 내게 물었다.

저녁 식탁에서 한숨을 폭, 쉰 엄마가 힘없이 말을 꺼냈다.
외삼촌이 요양원에 4년째 계신 이모를 면회하셨는데, 이모가 욕창 하나 없이 정정하시더라고 토해내듯 말씀하셨다. 멀쩡한 사람을 그동안 요양원에 가둬둔 것 같아 원통하시다고. 원치 않게 요양원에 가게 되신 그 결정이 너무나 성급한거였느냐고. 그 오랜 시간 동안 아무도 찾지 않는 가족을 기다리며 '내가 쓸모 없는 인간이 된거 아닌가? 그래서 다 나를 버렸나' 애통해 하셨을 거라고.

마음이 쿵 내려앉는다.

엄마는 덧붙였다. '숙아, 나는 시들시들 말라죽은 꽃들도 버리지를 못하겠다. 버려지는게 너무 서글퍼서. 늙어서 그렇게 버려지는 게 너무 불쌍해서.'

엄마는 이모와 꽃들의 얘기를 하고 있지만, 왠지 자기의 이야기를 하는 것 같아서 또 마음이 쿵 내려앉았다.

엄마의 시계가 70을 너머 달려가고 있다.
엄마는 애틋한 이모의 처지가 너무 가슴 아파서 오늘 많이 우셨을게다. 그런데 그 서글픔은 단지 동기간의 안타까움이나 가엾음 때문 만은 아닐게다.

아무리 자식 잘 됐다고 자랑하시지만, 그 마음 한 켠에 늙어지고, 시들어질 것에 대한 걱정이 왜 없겠는가. 이제 성큼 눈 앞에 다가오는 인생의 끝자락이 어떤 모습이 될까 막막한 무서움이 얼마나 크겠는가.

40의 딸은 70의 속도로 가 있는 엄마의 시선을 한 순간도 이해하지 못한다.
인생의 고개 저 앞자락에 있는 엄마에겐 지금 고개 너머로 뭐가 보일까. 뒤따라 걸어오는 자식에게도 말하기 힘든 걱정과 두려움으로 문득 이르게 눈 뜬 새벽이 얼마나 무거울까.
고운 내 엄마에게 무한히 또 미안하다.
40 고개를 넘어서며 꽃이 좋아졌다. 늘 볼품없는 들꽃더미에 한껏 허리를 꼬부려 코를 박고 웃던 엄마를 닮아간다.

누군가 꽃을 보고 아름답다는 마음이 드는 건 곧 그 꽃이 질 것을 알기 때문이라고 했다. 엄마는 이미 나보다 오래 전 그걸 알았기 때문이겠고, 나 역시 이제 그 유한함을 깨달았기 때문이지 않을까.

꽃이 좋아진 이유가 이토록 허망한 것이라니, 아름다움의 유한함 앞에 가눌 수 없이 헛헛해 하는 내게, 허시란 여사가 다시 다감하게 말해준다.

"숙아, 아니다. 꽃은 빨리져서가 아니라 내년 봄에 다시 태어나기 때문에 더 예쁜거야. 너무 기특하지 않니?"

엄마는 유한함을 너머 무한함이 우리가 꽃을 사랑하게 되는 이유라고 고쳐 말해준다. 꽃을 보고 아름다움을 너머 기특하다는 생각이 드는 건 진 그 꽃이 다음 봄에 다시 필 것 역시 알기 때문이다.

70의 속도로 달려가는 엄마의 가는 시간을 무슨 수로 붙잡으랴.
하지만 나는 오늘 저녁 엄마의 손을 꼭 붙들어 주는 것으로, 엄마의 이야기를 이렇게 적는 것으로 꽃을 사랑하는 우리를 위로한다.

그럼으로써 엄마의 꽃은 언제든 나의 일기장에서 다시 피어날 게다. 그게 엄마가 꽃이 되는 이유일테니.
겨우내 갈색으로 말라 비틀어져 아무도 들여다보지 않았던 화분에 낭창한 꽃이 가득 피었다. 나는 그제서야 눈을 돌려, 이 아이를 찬탄해 마지 않는다. 그 때, 내 눈에 화분에 써놓은 낯익은 글자가 눈에 띈다.

의심할 것도 없는 화원을 지키는 엄마의 글자체다.

꽃이 피어야 아름다운 줄을 아는 나같은 바보들이 겨우내 이 화분을 내다버릴까봐 외치는 경고문이다.

"클레마티스! 나, 살았어!"

70살의 허 여사는 뭘 드시고 이렇게 지혜로우신지. 엄마의 딸인 게 정말 기쁘다.

청춘 작가님의 베스트셀러를 기대하며

김정래

구약성경 전도서 기록된 히브리어 '청춘(靑春)'은 "삶의 에너지와 가능성이 있는 시기"를 뜻한다고 합니다. 단순한 나이의 개념을 넘어 미래를 기대하며 꿈을 품고 있는 모든 이들이 청춘이라는 겁니다.

흔히들 인생을 계절에 비유합니다. 씨앗을 뿌리는 봄을 소년시절로, 꽃과 열매를 기다리는 청년, 장년시절까지 모든 과정이 삶과 똑같기 때문일겁니다. 하지만 매일, 매순간 씨앗을 뿌려 꽃과 열매를 기다리는 삶을 사는 이가 있다면 그의 인생은 매일이 청춘일 것입니다.

깊이 패이고 휘어진 인생의 굴곡과 매일의 노동으로 고될법도 한데, 생물학적, 수학적 셈법으로는 도저히 불가능한 '에너지 마감기(?)'인 노년인데도 어디에서 에너지가 솟구쳐 나오는지 야금야금 형설지공, 주경야작 끝에 또 한편의 책을 내셨다 합니다. 오늘, 이순간 당신의 인생을 감히 청춘이라 하겠습니다.

딸가진 죄인, 사위자식 멍멍이자식이라는 속어가 그러하듯 처자식 떠 맡겨 놓고 돈벌이 한다는 핑계로 맘껏 뛰어 놀다가 금요일 늦은 밤이면 요란스레 들어오는 꼴, 주말 아침 잠에 취해 흐느적 거리고 있는 꼴 곱게 봐주셔서 감사합니다.

일년에 하루, 이틀 조차도 땡땡이 없이 매일 새벽부터 밤 늦게까지 열심히 씨뿌리고 열매맺는 당신의 청춘을 응원합니다.

서로 잘났다는 자식들의 아웅다웅에도, 고기만 먹겠다며 정성 가득한 채소반찬 그릇을 휙하니 밀어내는 손녀딸의 괴팍스러움에도 늘 어허허~ 하며 웃으시는 너그러움에 경의를 표합니다.

드라마 '폭삭 속았수다'의 관식이 같은 희생과, 애순이 같은 당찬 소녀스러움이 지금의 잘자란 자식, 손녀들을 만들었고, 이 정성스런 책을 지어냈으리라 생각합니다. 어찌 고달프지 않았겠습니까마는 꽃을 보며 오늘을 치료받고, 글을 쓰며 내일을 기대하는 하루가 에너지의 원천이지 않을까라고 감히 추측해 봅니다.

변함없이 계절을 바꾸고 열매를 맺어내는 넘치는 에너지 항상 변치 않길 바라며, 이제는 그만 폭삭 속으시고 꽃만 가꾸는 인생이 아닌, 꽃으로 가꿔지고 꽃길만 걷는 청춘이 되길 바랍니다.

상업용으로 제작된 책은 아니겠지만, 이왕이면 베스트셀러 스테디셀러가 됐으면 좋겠고, 두 번째 책에 이은 세 번째, 네 번째... 열 번째 책도 기대해 봅니다.

늘 건강하십시오.

- 경주 사무실에서 사위 올림

부록 | 캘리그래피 작품

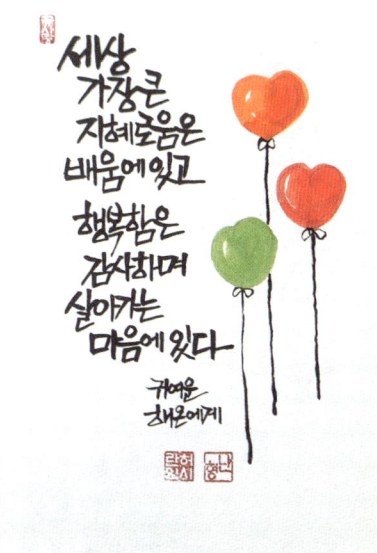

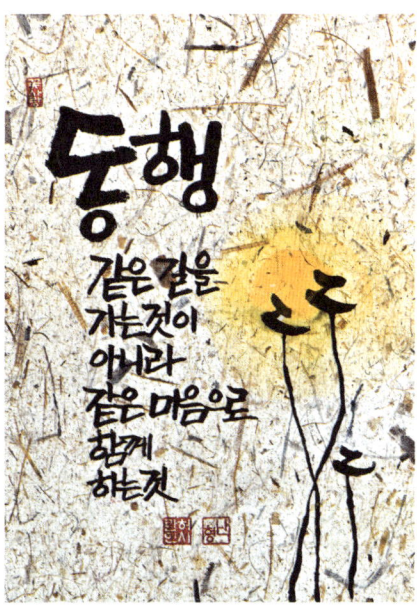

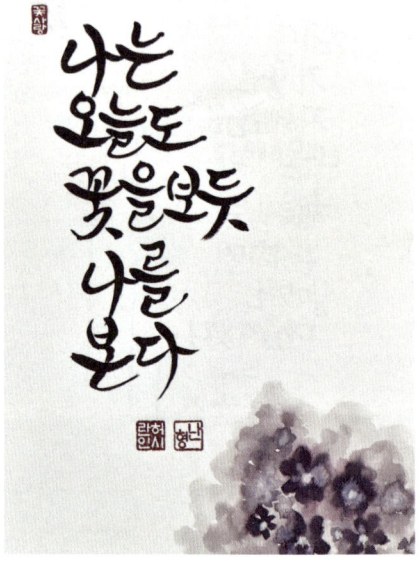
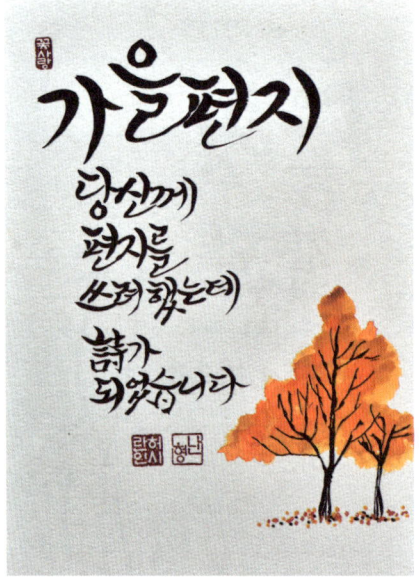

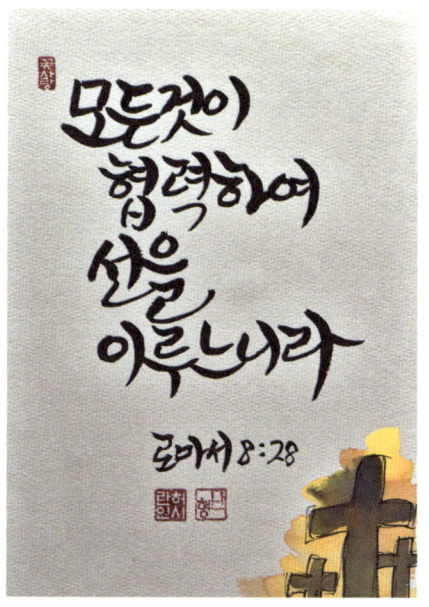
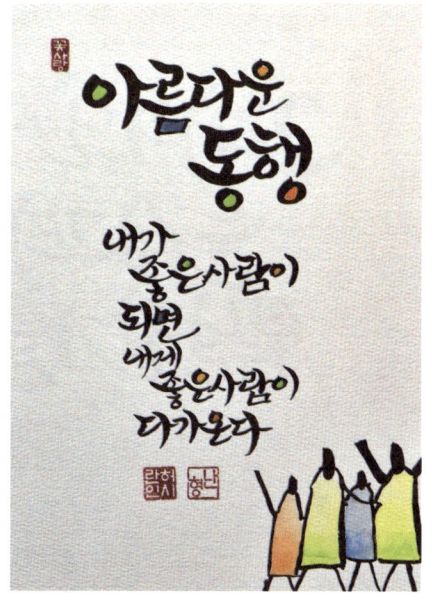

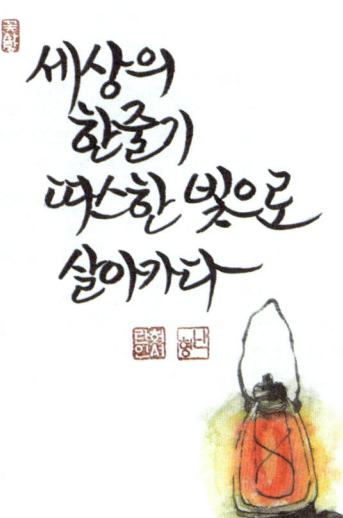

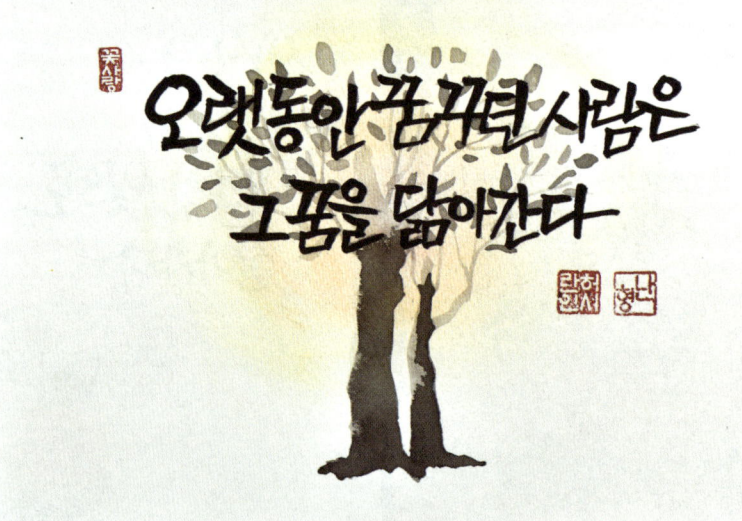

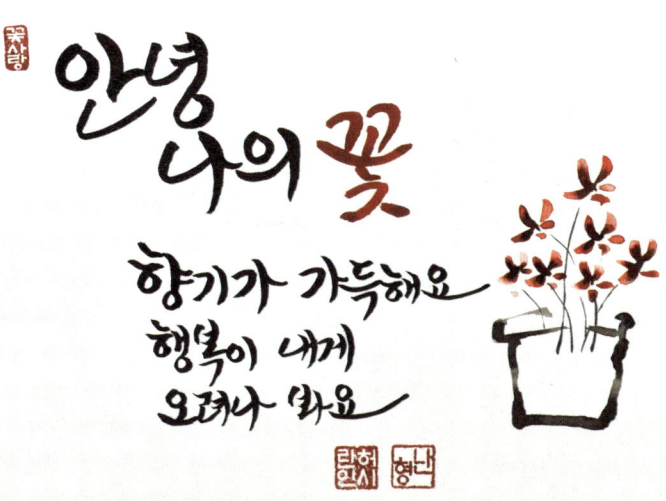

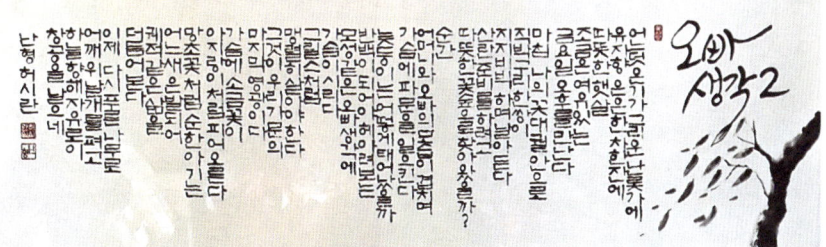

손녀 작품 : 김가온, 김해온